舵手证券图书
www.duoshou108.com

知识领航财富人生

舵手汇 www.duoshou108.com

投资交易学习社交平台

股票、商品期货、外汇市场极端交易

劳伦斯·J.奥克斯利　著
魏强斌　文子　张晋湘　译

图书在版编目(CIP)数据

股票、商品期货、外汇市场极端交易／(美)劳伦斯·J.奥克斯利著；魏强斌，文子，张晋湘译.—太原：山西人民出版社，2018.4

ISBN 978-7-203-09970-3

Ⅰ.①股… Ⅱ.①劳… ②魏… ③文… ④张… Ⅲ.①气候变化-影响-股票交易-研究 ②气候变化-影响-商品期货-研究 ③气候变化-影响-外汇市场-研究 Ⅳ.①F830.91 ②F713.35 ③F830.92

中国版本图书馆 CIP 数据核字(2017)第 241848 号
著作权合同登记号　　图字：04-2014-018

股票、商品期货、外汇市场极端交易

著　　　者：(美)劳伦斯·J.奥克斯利
译　　　者：魏强斌　文　子　张晋湘
责任编辑：贾　娟
复　　　审：傅晓红
终　　　审：员荣亮
出　版　者：山西出版传媒集团·山西人民出版社
地　　　址：太原市建设南路 21 号
邮　　　编：030012
发行营销：0351-4922220　4955996　4956039　4922127(传真)
天猫官网：http：//sxrmcbs.tmall.com　电话：0351-4922159
E-mail：sxskcb@163.com　发行部
　　　　sxskcb@126.com　总编室
网　　　址：www.sxskcb.com
经　销　者：山西出版传媒集团·山西人民出版社
承　印　者：三河市京兰印务有限公司
用纸规格：710mm×1000mm　1/16
印　　　张：15
字　　　数：210 千字
印　　　数：1-5100 册
版　　　次：2018 年 5 月　第 1 版
印　　　次：2018 年 5 月　第 1 次印刷
书　　　号：978-7-203-09970-3
定　　　价：58.00 元

如有印装质量问题请与本社联系调换

致　谢

本书能够出版要感谢很多人。我特别要感谢琳达·奥克斯利（Lynda Oxley）、特里萨·维塔莱（Theresa Vitale），还要感谢在我的工程师和投资者生涯中与我一起工作过的同事们。

劳伦斯·J. 奥克斯利

谨以本书献给我那三个可爱的孩子：布列塔尼、梅根和杰弗里。

前 言

极端天气正在越来越频繁地袭击全球各个地区。尽管这些极端天气事件会造成破坏，然而某些行业却能从中获益。本书的目的就是在极端天气事件继续影响全球的情况下，识别并评估将成为赢家和输家的行业、公司，以及更具体一点的股票、债券和期货。本书的每一个投资观点都适用于目前的全球气候条件。如果当前这些极端天气事件随着全球气候变化而变得越来越严重，那么本书的投资策略也将变得越来越有盈利潜力。涉及"极端天气"投资的全球变暖定义如下：

定义：全球变暖

过量二氧化碳和其他温室气体形成的温室效应，会导致全球大气和海洋的温度上升，从而引发全球气候冲击和极端天气事件。

我们都非常清楚，全球变暖的结果是全球平均温度上升。当燃烧汽油、天然气和石油这类物品时，会产生 CO_2 及其他一些温室气体。CO_2 在地球大气中不断累积，会在地球上产生温室效应，就会使大气和海洋的平均温度逐步上升。

但是，这还只是一方面。燃烧汽油、天然气和石油产品不仅会产生 CO_2，还会产生水。所以，我们也在不断向空中释放整个大气循环中未曾有过的水。此外，随着大气平均温度上升，空气的含水量也会提高。我们将其称为"全球漫灌"（global watering）。"全球漫灌"加上全球变暖，会导致全球气候变化。这意味着将有更多的雨，更多的雪，更多的冰，更多的干旱和更多的极端天气，比如飓风和龙卷风。它甚至会导致天气的地理转变，也就是某些极端天气出现在世界一些从未出现过此类天气的地区。这些效应会逐渐累积并构建新的天气形态，因此也意味着目前的天气并没有处在一切都会回归正常的周期当中。世界新兴市场地区的快速发展，会加速这些效应。正是这种形态的持续为本书提供了基础。

本书的投资观点面向的是从交易新手到专业投资者的各种技能水平的投资者。本书采用非常简单直白的语言写作，所以书中提出的概念和观点都非常容易理解。

本书是按极端天气类型来划分章节的，这就有助于读者在发生极端天气事件时，快速找到适当的投资策略。后面详细的索引也可以提供帮助。更重要的是，本书提供了很多行动计划表，指出了世界任一地区发生极端天气事件时会成为"最大赢家"和"最大输家"的具体公司和商品。

本书还讨论了现实生活中的一些案例和"极端天气"投资者的具体投资规则，以及股票、债券和期货市场投资的基础知识，这些都为读者赚钱提供了必要工具。

劳伦斯·J. 奥克斯利

目 录

第1章 大宗商品及现状 1
　　"交好运"商品 6
　　"中性"商品 31
　　"大麻烦"商品 43
　　其他具有少量投资机会的商品 46

第2章 投资品种：股票、债券或期货 47

第3章 全球气候冲击一：冰雪灾害 57
　　盐 57
　　除雪机 59

第4章 全球气候冲击二：矿区洪水 61
　　炼焦煤 62
　　铁矿 66
　　铜 69
　　白银 72
　　铝 75
　　镍 77

铂金 ·· 81

钯金 ·· 87

稀土 ·· 91

钾矿石 ·· 93

矿业设备生产商 ·· 96

第5章 全球气候冲击三：农田干旱、洪水和霜冻 ······ 101

糖 ·· 102

咖啡 ·· 104

棉花 ·· 105

可可 ·· 106

玉米 ·· 107

大豆 ·· 108

小麦 ·· 109

橙子 ·· 110

所有农产品的对比 ······································ 111

化肥 ·· 122

种子和农药 ·· 125

化肥 vs 种子 vs 农药 vs 农产品 ······················ 127

农业设备生产商 ·· 128

第6章 全球气候冲击四：飓风和龙卷风 ·············· 131

独立的天然气生产商 ···································· 131

石油 ·· 138

受益于飓风灾害的其他股票 ······························ 143

目 录

第7章　全球气候冲击五：干旱引发森林火灾 145

第8章　现实案例：交易机会和择时 147
　　卡特里娜飓风 147
　　澳大利亚东部洪水 150
　　俄罗斯干旱 152
　　美国东北部暴风雪 154
　　2011年初的可可豆供给冲击 156
　　关于玉米的补充观点 158
　　"极端天气"投资规则 159

第9章　两边下注 169
　　炼焦煤案例 171
　　铁矿石案例 172
　　铜案例 173
　　农田干旱/洪水案例 174
　　其他的配对交易 175

第10章　商品投资的基本原则 181
　　基本的供给和需求 182
　　理解股票价格和周期中的数学 183
　　周期性走势 187
　　商品投资的基本规则 187

第 11 章　债券市场的机会 ………………………… 193
　　地方政府债券市场的机会 ……………………………… 209

第 12 章　外汇市场的机会 ………………………… 211
　　加拿大元 ………………………………………………… 213
　　澳大利亚元 ……………………………………………… 216
　　其他商品货币 …………………………………………… 218

第 13 章　期货市场投资的基本原则 ……………… 221
　　交易所交易基金 ………………………………………… 228

结　语 ……………………………………………… 229

第1章 大宗商品及现状

当我们坐在这里等待极端的全球气候事件登上《行星地球》（Planet Earth）时，其实我们已经意识到它们已经来了。下列的新闻事件已经出现，而这仅仅是众多极端天气事件中的一小部分：

"洪水肆虐澳大利亚东部"

"俄罗斯遭遇大旱"

"美国东北部地区再度遭遇暴风雪袭击"

"飓风重创美国南部"

"温哥华打破历史最冷记录"

"异常干燥气候导致山火频发"

"最近研究表明暴雨与人类活动有关"

"全球变化导致强降雨降雪天气和洪涝灾害"

"泥石流和洪水摧毁家园"

"悉尼刷新热浪记录"

这个世界上有很多犬儒主义者①，他们不相信全球气候正在发生变化。从投资者的角度来说，极端天气并没有那么糟糕，因为就像之前新闻报道

---

① 犬儒主义者：犬儒主义的含义很广，犬儒主义者的一种表现就是怀疑，不信任，对他人的痛苦无动于衷。——译者注

的那样，有这么多极端天气会对股票市场（以及债券和期货市场）造成影响，而这些都意味着投资机会。如果环境科学家分析正确，全球气候变化的影响越来越频繁和剧烈，那么基于极端天气的投资机会也会显著增加。本书的每一个投资观点都适用于目前的全球气候条件，并且如果全球气候继续变化，这些投资观点将变得更有盈利潜力。

所以，极端天气与金融市场之间具有怎样的联系呢？答案就是商品供给冲击。极端天气类型的供给冲击的定义，是理解整本书内容的关键之一。它是极端天气事件与股票市场之间的纽带。让我来解释一下。

定义：供给冲击

全球气候剧烈变化或极端天气事件临时或永久地破坏了某一商品的供给能力。这会导致该商品价格飙升，从而提供多个金融市场的投资机会，主要包括股票市场、债券市场和期货市场。政治变化、组织因素和重大地质事件（比如地震）等也会引发类似的商品价格变化。

理解基于极端天气的商品的定义也很重要。

定义：商品

大宗商品和基本原料包括金属、谷物、食品、矿产和能源，它们都属于自然资源，有些可以在期货市场上交易。它们的价格是由供给和需求决定的。但它们的价格对极端天气事件引发的供给冲击特别敏感。

理解新创的这个"冲击值"（shock value）的定义也很关键。

定义：冲击值

供给冲击持续的天数。持续的时间越长，投资的时间窗口越大。持续的时间越长，潜在投资的持有时间也越长。

正如定义所言，大宗商品供给的突然变化会导致商品价格的变化。更具体一点来说，如果某一商品的供给降低（因为极端天气事件，比如澳大利亚东部的洪灾，这是最近发生的真实事件，这次洪灾导致该地区的煤矿企业停产），价格就会上升，因为人人都在争夺剩余的供给并且愿意为此支付更高的价格。在这种情况下，最大的赢家当然是其他未受灾地区的该商品生产者。因为现在他们可以以更高的价格卖出商品。更高的价格意味着更高的利润，更高的利润意味着更高的股票价格。

我们已经知道了大宗商品是"极端天气"投资的关键构成，现在，我们还要对各个商品种类以及它们的相对吸引力做个大致了解。从投资者的角度来说，某个商品的吸引力与该商品当前的供求状况有关。举几个例子，会有助于说明商品的吸引力到底是个什么概念。在第一个例子中，我们会讨论白糖价格对巧克力生产商好时公司的影响。第二个例子，我们会谈谈零售服装店。

如果好时公司急需购买一批白糖来生产糖果棒，但是因为最近发生大洪水而突然无法像往常一样买到白糖，好时公司的人就会非常焦急，因为没有白糖，他们根本无法生产糖果棒。这种焦急会使好时公司提高他们的支付意愿，因为如果他们不购进白糖，生产和销售就会停止，由此导致的亏损会更大。白糖价格上涨对好时公司这种白糖需求者来说不利，但是对于白糖生产商来说，却是一个好消息。所以，白糖短缺会导致好时公司的利润降低，白糖生产商的利润升高。

另一个经典的例子是零售服装店通常会在节假日过后积压库存。在这种情况下，服装店会急切地想要去除多余的库存，为新一季的衣服腾出空间。同时，节假日已经结束，几乎没有人会再买衣服了。大量的供给伴随缩减的需求，是零售商面临的一大麻烦，因为他们要将服装的价格降低很多很多才能将这些服装卖出去。这两个例子可以通过图1-1的供给/需求矩阵展示出来。正如这个矩阵所示，供给有限而需求强劲，对任何商品来说都是最佳的市场状况，都可以视为生产者交了好运（jackpot），因为这会使商品生产者的利润上升。

	供给上升	供给下降
需求上升	中性	交好运
需求下降	大麻烦	中性

图1-1　商品市场状况分类

同理，供给充裕而需求相对疲软，是商品生产者的大麻烦（big problem），因为该商品的价格会下跌，导致生产者的利润降低。剩下的两种供给和需求状况的组合被视为中性，因为供给和需求的变化一致。举个例子，当供给增长时，只要需求也跟着增长，商品的价格就会保持稳定，而当需求萎缩时，只要供给跟着放缓，商品的价格也会保持稳定。

有趣的是大部分商品都归入"交好运"或"中性"象限，很少会进入"大麻烦"象限。之后，我们会深入探讨更多细节，但是现在我们就只简单列出主要的大宗商品，并按它们在矩阵中所处的象限进行分类。

交好运

- 铜
- 玉米
- 小麦
- 大豆
- 橙汁
- 化肥
- 炼焦煤
- 铁矿石
- 石油
- 糖
- 可可
- 棉花
- 咖啡
- 白银
- 黄金
- 铂金
- 钯金
- 稀土
- 钾矿石

中性

- 锌
- 铝
- 钢铁
- 镍

- 铅
- 动力煤
- 纯碱

大麻烦
- 天然气

机会有限
- 瘦猪肉
- 活牛

的确，商品具有周期性，它们的市场状况会随着时间发生改变，但是它们当前的周期具有粘性，也就是说全球对某一商品的整体需求正在增长（从长远来看），但要找到该商品高质量的供给却越来越难。这种情况意味着该商品的长远前景良好。现在，当一个商品在未来10年从"交好运"象限移到"大麻烦"象限时，会发生什么呢？这会影响我们在本书中讨论的投资机会吗？不会，绝对不会！不管商品落入这4个象限中哪一个，它对于全球气候变化导致的供给冲击的反应都会非常有利（例如，商品的价格上升，商品生产者的利润也会跟着上升，因此，商品生产者的股票价格也会跟着上扬）。然而，我会讨论每个商品的供/求状况，以帮助读者更好地理解这些原材料。另外，虽然源于全球气候变化的供给冲击对任何商品都有助益，但是从投资的角度说，如果商品落入"交好运"象限，这种效益会更明显。

"交好运"商品

现在，我们要对每一种主要商品进行深入探讨，首先是"交好运"商品。

铜

铜有着最有利的大宗商品基本面前景。铜的供给和需求关系一直非常紧张,尽管美国的住宅和非住宅建筑市场低迷,但至少终于触底了。

图1-2显示了铜的各个终端市场用量占比情况。随着中国对铜的需求持续增长,以及美国建筑行业回暖,全球对铜的需求将会越来越大。

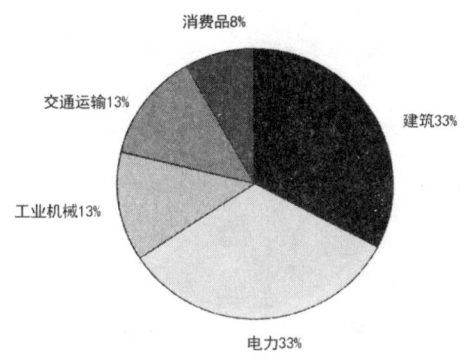

资料来源:弗里波特·麦克莫兰铜金公司2010年的公开文件

图1-2 铜的终端市场用量占比情况

中国对铜的需求非常强劲,但是铜矿主产地却不是中国,于是极大地在铜的需求一方施加了压力。注意,中国有很多人需要工作。如果中国的铜矿储量非常丰富,中国政府就有可能通过增加铜矿开采规模来增加工作岗位,但事实并非如此,所以也不会给铜带来"麻烦"。供给一方对铜有利的状况是铜矿石的铜含量在降低。所以,全世界有很多地方,尽管增加了铜矿石的开采量,但是铜的产量却比前一年低,从而进一步将供给/需求推向失衡的边缘,这种情况导致铜直接进入"交好运"象限。

全球气候冲击为铜带来的投资机会主要是在股票市场、债券市场和期货市场，外汇市场也会有少量的机会，之后我们会探讨更多细节。

玉米

就像铜一样，当前需求和供给两方面的状况均对玉米有利，当然也直接将玉米推入"交好运"象限。需求方面，全球不断增长的人口导致对食品的需求也不断增长（见图1-3 玉米的需求情况）

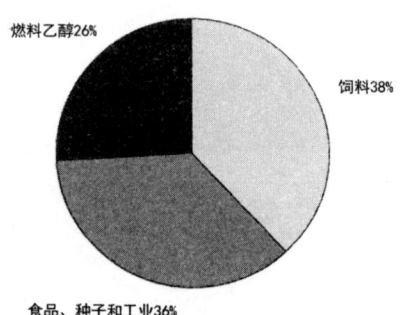

资料来源：美国农业部2009年发布的数据

图1-3 美国对玉米的需求情况

食品不是可以随意更改的购买项。但是，考虑到中国这样的新兴市场的情况，全球对食品的需求一定会加速增长。随着中国人越来越富有，他们在纯谷物的饮食结构中逐渐增加了牛肉、鸡肉和猪肉的比例。大约8磅的谷物饲料才能生产1磅的牛肉。这种食品消费的动态变化导致需求曲线呈指数式上扬。另外，美国已经决定将汽油中乙醇的比例提升至15%。乙醇的制造原料就是玉米。为了满足汽油市场的需要，需要将大量玉米转化为乙醇，这就对玉米施加了更大的需求压力。所以，玉米需求一方的状况显然完胜。

在供给方面,形势也是大好。在美国,增加玉米种植面积的可能性极低。美国的玉米产量高达全球玉米总产量的41%。即使在全球范围内,也只有少数几个地区可以增加耕地面积,其中包括巴西。有限的供给加上强力增长的需求,使得玉米成为一种非常具有吸引力的商品。但是玉米也满足了易受全球气候冲击影响的关键条件。具体而言,它的生产高度集中在少数几个地区(比如美国产量占世界总产量41%),如果美国的玉米种植地带遭遇大面积干旱或洪涝灾害,玉米的价格就会显著增长,从而为我们提供了大量的投资机会。

小麦

从全球对食品需求稳步上升的角度来说,小麦的情况与玉米相似。事实上,作为人类主食,小麦的地位仅次于大米,并且排在玉米之前。随着全球人口不断增长,对小麦的需求也在不断增长(见图1-4美国对小麦的需求情况)。

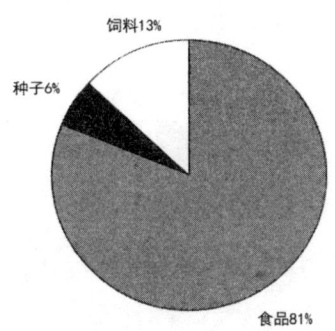

资料来源:美国农业部2010年发布的数据

图1-4 美国对小麦的需求情况

在供给方面,小麦的种植区域分布要比玉米广一些。然而,小麦种植区域的集中程度也足以导致小麦的价格随着小麦种植区域遭遇全球气候冲击而上涨。经典的案例是 2010 年夏天俄罗斯遭遇严重干旱。虽然俄罗斯的小麦产量仅占全球小麦总产量的 9%，但这也足以推高小麦的价格。强劲的需求加上产地有限的供给，导致小麦进入"交好运"象限。

小麦基于天气的投资机会主要集中在期货市场。

大豆

从全球对食品需求稳步上升的角度来说，大豆的情况也与玉米相似。因此，全球对大豆的需求和全球的人口之间存在着正相关关系。全球人口的增长使大豆需求方面的前景很美妙。但是，人口增长的速度实际上超过了小麦生产的速度。正如我们在之前的玉米部分讨论的那样，大豆需求最强的驱动因素是新兴市场（比如中国）人们膳食结构的改变，他们的传统饮食以谷物为主，现在逐步转向了牛肉、鸡肉和猪肉等高蛋白食物。我们在之前的玉米部分也提到过，8 磅的谷物（比如大豆）才能生产 1 磅的牛肉。这就对大豆的需求产生了强有力的推动作用（见图 1-5 大豆的需求情况）。

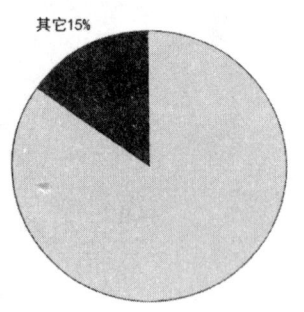

资料来源：美国农业部 2010 年发布的数据

图 1-5　美国对大豆的需求情况

在供给方面，大豆的情况也十分喜人。全球大豆的种植区域高度集中，这就意味着全世界只有少部分地区在种植大豆，并且每个地区的种植面积有限。这种情况非常有利，因为这会使大豆成为全球气候冲击类投资的不错对象。换句话说，当大豆的种植区域遇到严重干旱或洪水时，大豆的价格就会上涨，而这就为我们提供了投资机会（我们会在后面章节进行详细讨论）。

供给方面还有一个有趣的变化，比如玉米和大豆在同一块土地上轮换种植。当到了春耕时节，农民有几个选择，比如在本例中，农民就要选择是在自己的土地上种植玉米还是大豆。种植哪一种作物的决定取决于多重因素。其中最关键的因素是玉米与大豆的相对价格。如果大豆相对玉米的价格太低，那么这个农民较明智的选择就是种植玉米，因为卖出更多玉米而不是价格相对较低的大豆将使收益最大化。除了经济方面的因素，这个农民还有其他的考量，比如轮换作物有助于祛除土壤中某些更喜欢侵害大豆的害虫。轮换作物还可以均衡土壤的养分。比如，玉米对土壤中氮肥的需求就比大豆多，因为大豆可以直接利用空气中的氮素。所以，轮换作物可以获得更好的经济效益，还可以优化土壤成分。但是，轮换作物会影响全世界大豆的供给。如果在某个春天，农民理智的选择是种植更多的玉米，那么在收获时节大豆的产量就会减少。这种供给减少而需求不变甚至增加的情况，就会将大豆推入图1-1中的"交好运"象限。

大豆基于天气的投资机会主要集中在期货市场（与股票、债券和外汇市场相对），详细情况我们后面将会讨论。

橙汁

橙汁的状况也是非常"健康的"，我们在这里可不会只谈它对身体健康的好处。在全球需求方面，橙子和橙汁的消费在随着人口的增长以及人们对健康的重视而日益增长。

但是，让橙汁越来越炙手可热的是橙汁的供给状况。佛罗里达、加利福尼亚和巴西的橙子产量占据全球大半壁江山。可能有人会问为什么橙子的产地这么集中。很大一部分原因是橙子的生长条件非常严苛。当种植地气候处于华氏60度至85度（摄氏温度大约是15.6度到26.7度）之间时，橙子的长势才最好，这就极大地限制了橙子的可种植区域。有趣的是，橙子对霜冻特别敏感。所以在霜冻天气，农民必须使用便携式的取暖器给橙子树取暖，还要给橙子树喷水，让温度略高于零度。

庞大的需求和有限的供给让橙汁归入"交好运"一类。

正如我们将看到的，橙汁基于极端天气的投资机会主要是在期货市场。

化肥

之前在玉米部分提到过，玉米的种植面积非常有限。所以，如果农民想要增加玉米的产量，他会怎么做呢？他只能通过使用化肥来提高现有种植面积的产量。所以，也就是说，缓解对玉米需求不断增长的重任最终落到了化肥头上。市场对三种主要化肥需求很高，这三种化肥分别是钾肥、磷肥和氮肥，因为农民想要增加农作物产量（单位产量），以满足市场对玉米不断增长的需求。

化肥供给方面的情况如何呢？简短地说，在未来几年内，这三种主要化肥的供给也十分有限。其中每一种化肥都有其特定原因，这里不详加论述，只大致介绍一下。钾肥供给有限的原因是全世界只有很少的生产商拥有高质量钾矿石，其中最好的钾矿石位于加拿大的萨斯喀彻温省（Saskatchewan）（见后面单独介绍钾矿石的内容）。

至于磷肥，情况跟钾肥差不多，最高质量的磷矿石也是控制在少数几个生产商手中。

而氮肥则是因为廉价天然气供给有限而限制了氮肥的生产。天然气是生产氮肥的主要原料。但是，这个限制正在逐渐解除，因为最近天然气的供给开始大幅增加。

还有另外一个因素也很重要，这个因素也限制了全球化肥的产量，就是扩大采矿的规模需要大量的资金和时间。

最终的结果就是强劲的需求加上短缺的供给使化肥归入"交好运"象限。

化肥的投资机会主要是在股票市场和公司债券市场，这个我们后面会看到。

炼焦煤（也称冶金煤）

炼焦煤的故事也同样精彩。世界上大部分煤都是用来发电的。炼焦煤是一种特殊的煤，它的含碳量高，杂质含量低，挥发性低。这种高质量的煤不是用来发电的，主要是用来炼钢铁，如图1-6所示。

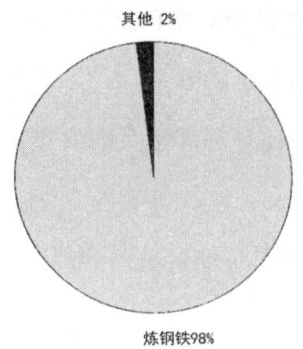

资料来源：加拿大泰克资源公司 2009 年发布的数据

图 1-6 全球市场对炼焦煤的需求情况

从专业角度说，这种煤在用于炼钢铁之前必须经过特别制备。如果读者对其中细节有兴趣，我这里简单介绍一下。这种煤首先要在惰性气体中加热（惰性的大致意思是在加热这种煤时炉中不允许含有氧气，因为氧气会与煤发生反应，使煤转化为气体，然后从加热炉中消失——这绝不是最好的卖煤方式）。经过高温干馏后，我们就可以得到一种更为稳定和纯净的煤的形式——在这一阶段被称为焦炭。这种焦炭用于高炉炼铁。焦炭与铁矿石在高炉中发生反应，形成铁，之后再通过其他方式就可以转化为钢（钢其实就是铁加上一点碳形成的）。所以，撇开专业技术不谈，这里想要强调的就是随着全球对钢铁的需求逐步增长，对于炼焦煤的需求也在逐步增长。全世界钢铁产量每年都以约 4% 到 6% 的速度增长，这就等于对炼焦煤的需求也在以这个速度增长，因此，对炼焦煤的需求一方大大地施加了压力。

在供给方面，全世界蕴藏这种高质量炼焦煤的地区数量有限，包括澳大利亚东部、加拿大西部和美国东部。世界其他地区也蕴藏着这种资源，但是质量不是很高，所以也限制了这种高质量煤的供给。

需求强劲加上高质量煤的供给有限，这种基本面状况也使炼焦煤归入了"交好运"象限。

我们会在本书后面部分看到，炼焦煤基于天气的投资机会存在于股票市场和公司债券市场。期货市场和外汇市场基本不存在炼焦煤的投资机会。

铁矿石

铁矿石的情况与炼焦煤的情况几乎相同。炼铁高炉生产新的钢铁（不是简单地将废钢铁扔进小钢炉里重新熔化铸造）需要3种主要原材料，分别是铁矿石、焦炭和石灰石。铁矿石是生产钢铁的主要原料。与炼焦煤类似，铁矿石需求的最大驱动者仍然是钢铁，如图1-7中所示。

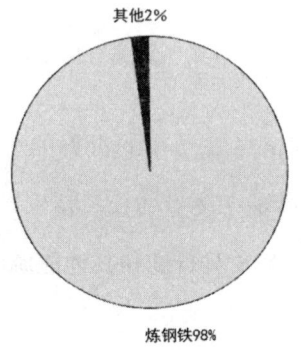

资料来源：美国地质勘探局2010年发布数据

图1-7 全球对铁矿石的需求情况

所以，与炼焦煤类似，随着全球钢铁产量上升，对铁矿石的需求也在相应上升。根据大部分评估数据，未来全球的钢铁产量还会以每年4%到6%的速度增长。这对铁矿石的开采商来说是个非常好的消息。

在供给方面，高质量的铁矿石很难找到。事实上，世界上只有少数几个地方富含这种高质量的铁矿石，包括巴西和澳大利亚西部。中国也有丰富的铁矿石资源，但是品质都较低，所以需要从国外进口。因此，铁矿石分析中供给一方的情况是非常有利的。澳大利亚西部地区要提高铁矿石开采能力，是未来几年的事情了。

铁矿石旺盛的需求加上有限的供给，导致这种原料非常抢手。这种情况与炼焦煤非常相似，于是也将铁矿石推入了"交好运"象限。

后面会讲到，铁矿石基于极端天气的投资机会主要是在股票市场和公司债券市场。在期货市场或外汇市场投资铁矿石的机会几乎不存在。

石油

根据2010年美国能源信息署发布的世界能源报告，全球对于石油——以及其他所有能源——的需求在逐步增长。特别是全球对石油的需求，在以每年1.4%的速度增长。图1-8对石油和其他能源的需求增长进行了比较。

对石油需求一方起到积极支撑作用的，是全球经济自2009年跌入谷底后正在逐步复苏。

在供给一方，石油的开采难度越来越高。我们现在能够找到的石油要么开采成本更高，要么品质更低，并且找到的石油往往位置越来越深，而含硫量也越来越高。另外，在供给方面，全球石油市场还会遭遇政治因素驱动的全球供给冲击。

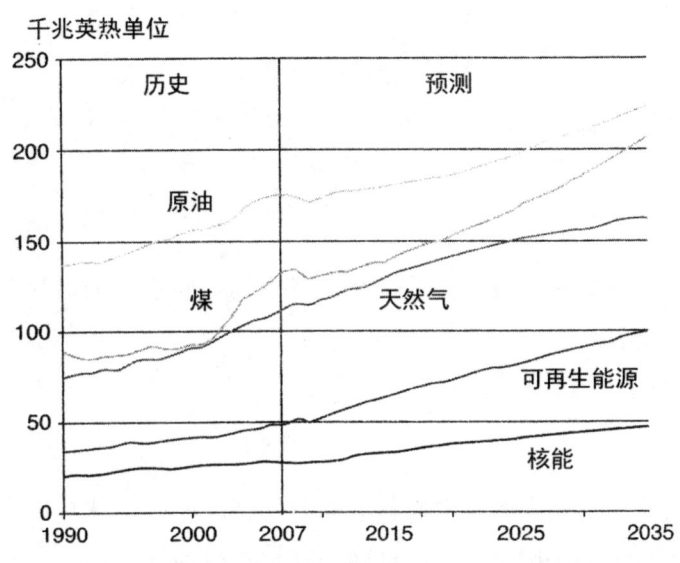

资料来源：美国能源信息署2010年发布资料

图1-8　世界各种能源的使用情况

不断增长的需求和紧张的供给也使石油这一大宗商品的基本面表现强劲，当然也使石油归入"交好运"象限。

石油的投资机会主要集中在期货市场、股票市场和债券市场。

糖

随着新兴市场国家和地区逐渐转向摄入较多加工食品、软饮料和其他糖果点心的西式饮食方式，全球对糖的需求也在持续上升。国内外的很多资料显示，全球对糖的需求在以每年2%的速度增长。

在糖分析的供给方面，我们看到糖满足了"极端天气"投资的条件，也就是地理分布集中。换句话说，世界少部分地区生产了全世界极大一部分糖。这是很关键的条件，因为糖主要生产地区遭遇全球气候冲击时，我们会看到糖的价格快速飙升。

不断增长的需求和有利的供给状况，将糖推入了图1-1中"交好运"象限。

糖基于天气的投资机会主要是在期货市场。股票市场也存在少量的机会，这稍后会解释。

可可

可可是生产巧克力的关键原料。有利的情况是，全球对可可的需求在随着全球人口的增长而增长，而且随着新兴市场地区人均收入提高，这些新兴市场地区的巧克力人均消费量也在增长，这也提高了对可可的需求。这些新兴市场地区主要是中国、俄罗斯、印度、巴西和东欧一些地区。目前，瑞士、欧洲和北美等成熟地区的巧克力人均消费量最高。

在供给方面，若论地理分布集中度，没有什么商品能与可可比肩。正如我们后面会详细讨论到的，非洲西部主导了可可豆的生产。曾经，巴西生产的可可豆也占据了全球总产量的大部分。但是，一种被称为丛枝病的植物病害大大降低了这一地区的可可产量。由于这个原因，加上劳动力成本更低，现在非洲西部地区主导了可可豆的生产。

全球需求增长加上有利的供给状况，使可可也归入了"交好运"象限。

可可基于天气的投资机会主要是在期货市场。股票市场也有少量的投资机会，这个我们后面会讲到。

棉花

大多数人都知道棉花作为一种纤维，可以用来生产服装，但实际上棉花的用途没有这么单一。图 1-9 这幅饼图就展示了棉花的终端市场需求情况。

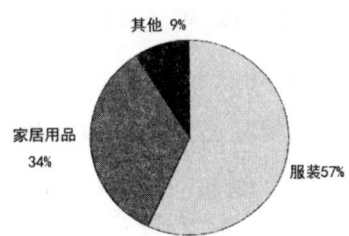

资料来源：棉花组织 2010 年发布数据

图 1-9　棉花的终端市场需求情况

棉花需求的主要驱动者是中国。中国的 GDP 很高，但每种原料的人均消费量却还很低，所以中国拉动了很多商品的需求。他们对棉花的需求占全球的 40%。尽管对棉花的需求在增长，但是也存在寻求人造纤维（比如涤纶）和其他天然纤维（比如木纤维）替代的风险。然而，全球对棉花的需求仍然呈现增长态势。

在供给方面，棉花种植的地理集中程度也相当高。正如反复强调的那样，这是全球气候冲击类型的投资所必备的条件。世界棉花产量最高的是中国，占据全球棉花产量的 29%（后面会详细介绍）。但是中国对棉花的需求远超过了自身的供给水平，所以也需要大量进口这一商品。

稳步增长的全球需求加上地理集中的供给状况,使得棉花成为"交好运"类商品。

棉花基于天气的投资机会主要是在期货市场。股票市场、公司债券市场和外汇市场能提供的投资机会非常有限。

咖啡

从全球角度来说,咖啡的消费非常成熟。图1-10中显示咖啡的复合年增长率是1.5%。人口增长和收入增加,都会增加对咖啡的需求,但是咖啡消费成熟地区的人均消费量已经达到饱和状态。然而,从长期来看,咖啡的需求曲线也会保持轻度上扬,正如图1-10所示。

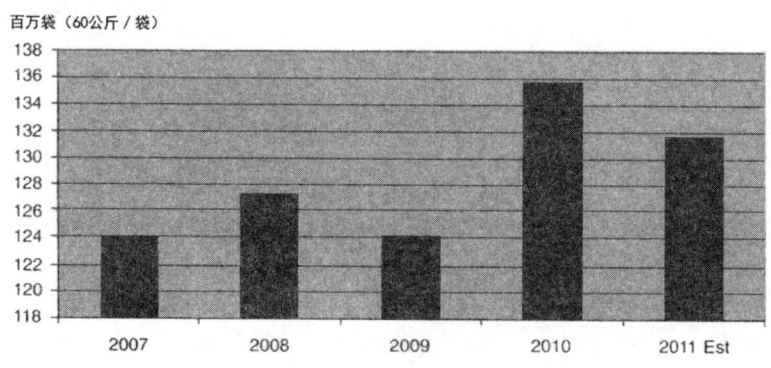

资料来源:美国农业部2010年发布数据

图1-10 全球咖啡消费情况

供给方面,咖啡种植的地理集中程度也比较高,这导致咖啡成为全球气候冲击类型投资的理想工具。我们后面会深入讨论咖啡的供给状况。

起伏不平但也成熟的需求曲线加上种植区域集中的供给状态，使咖啡归入"交好运"象限。

咖啡基于天气的投资机会几乎只存在于期货市场。这个我们后面再讨论。

白银

图 1-11 显示了白银的主要终端市场情况。如图所示，白银的终端市场需求具有多样性。事实上，正如有些人的预料，比起反映首饰消费的情况，白银更能反映 GDP 的状况。除了影像市场数字化导致对白银的需求略微降低外，全球对白银的需求在整体上升，特别是在全球经济开始复苏后。

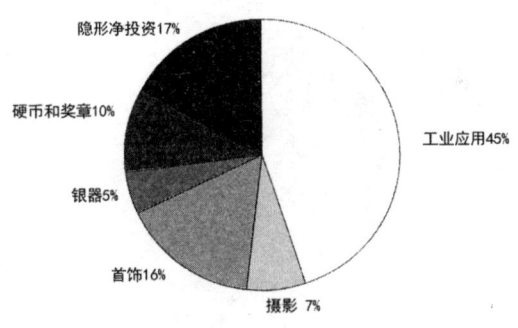

资料来源：世界白银协会 2010 年发布数据

图 1-11　2010 年白银的需求情况

在供给方面，白银有 70% 是以铅、锌和黄金生产的副产品形式生产出来的，剩下 30% 才是来自于"有目的"的白银生产。如果我们算上老银废料的供给，那么 2010 年这些老银废料占全球总供给的 20%。从产量角度说，白银的地理集中程度也非常高，使得白银成为极好的"极端天气"投资对象。

鉴于非常强劲的全球需求和生产高度集中的供给状况，白银自然成为"交好运"类商品。

白银基于极端天气的投资机会主要是在期货市场，股票市场也有少量的机会。这个后面再细说。

黄金

不像白银，首饰是黄金需求的主要驱动者，如图1-12所示。首饰用金占黄金需求的69%。

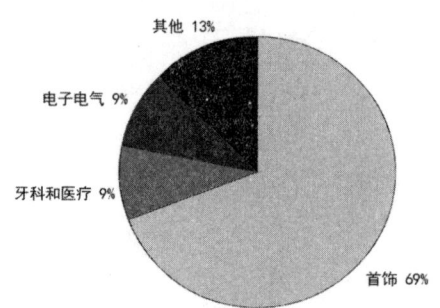

资料来源：美国地质勘探局2010年发布数据

图1-12 黄金终端市场的需求情况

印度和中国等新兴市场的人们收入水平提高，也增加了对首饰用金的需求。黄金有着双重的利好因素，一个是对黄金实际用途的需求在增长，另一个是黄金具有避险功能。在经济不稳定以及美元贬值时期，黄金反周期的特性会使黄金的需求上升。回顾过去十年的黄金价格走势,可以发现黄金的表现非常强劲。与其他商品价格不同,黄金的价格并没有随着2008年第四季度开始的全球经济衰退而下跌。事实上,从2002年开始到现在,黄金的价格上涨了360%。

供给方面,从寻找高质量、高产量金矿的角度说,黄金的供给也有限制。有利的需求因素加上有限的供给状况,也将黄金推入"交好运"一类。

但是,有趣的是,当从"极端天气"投资的角度评估黄金时,情况还比较棘手。是的,黄金的确满足了供不应求这一条件。但是,它并没有满足地理分布集中这一条件。全球黄金的产量分布情况如表1-1所示。

表1-1 全球黄金的产量分布

资料来源:美国地质勘探局2010年发布数据

全球黄金的产量分布	占比
中国	14%
澳大利亚	10%
美国	9%
俄罗斯	8%
南非	8%
秘鲁	7%
印度尼西亚	5%
加拿大	4%
乌兹别克斯坦	4%
巴西	3%
墨西哥	2%
巴布亚新几内亚	2%
智利	2%
其他	21%
合计	100%

黄金评估的棘手之处在于尽管美国黄金产量达全世界9%，但美国国内的金矿分布较为分散。极端天气事件必须同时波及美国大部分地区，才能对黄金的生产造成影响。这就使黄金基于天气的投资机会不像其他商品那样多那样好，比如玉米，美国出产的玉米占全球总产量的41%，而其中大部分又集中在美国中西部的玉米种植带。因此，从基于极端天气的投资角度说，玉米是一种非常好的投资品种。所以，我们不会花太多时间来讨论黄金基于极端天气的投资机会。不要忘了，本书的目的在于识别基于极端天气的投资机会。因此，虽然黄金具有一些"交好运"类商品的特征，也算得上是不错的投资品，但是从"极端天气"投资者的角度来说，它并不那么有吸引力。

铂金

铂金是铂族金属中的一员。铂族金属包括铂、钯、铑、钌和铱。对"极端天气"投资者来说，铂金的故事也令人激动。首先，让我们看看需求一方的状况。全球铂金需求的主要驱动者已经在图1-13中列出来。

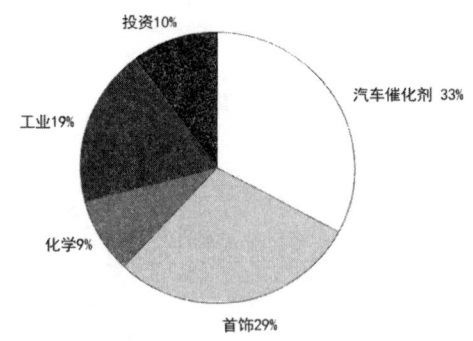

资料来源：庄信万丰公司2010年发布的数据

图1-13 全球铂金终端市场的需求情况

如图所示，铂金需求的主要驱动者是汽车催化剂和首饰。汽车催化剂是用于汽车的尾气净化系统。它可以减少有害气体的排放。这种汽车催化剂的主要需求驱动者是全球的汽车制造——即使在美国，汽车制造的速度也在提高，但是更多的是在中国。全球对首饰的需求也在增长，这与收入水平提高有关，特别是一些新兴市场地区。图1-14显示了全球铂金需求的地理分布情况。

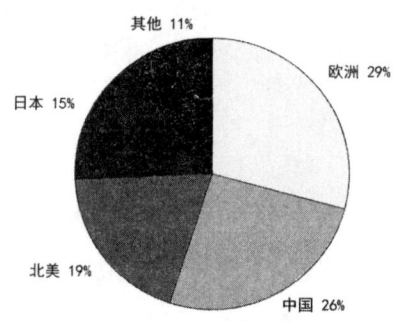

资料来源：庄信万丰公司2010年发布的数据

图1-14　全球铂金需求的地理分布情况

这幅需求地理分布饼图提供了两个惊人的信息。第一个是日本对这个催化剂的需求很高。这是因为日本汽车制造商在全球保持领先地位。第二个是中国占据全球铂金需求很大比例。考虑到中国在20年前的主要交通工具还是自行车，这个数据不得不让人惊叹。随着收入水平不断上升，中国对汽车和珠宝首饰的需求也在快速增长。整体而言，铂金需求一方的状况是非常健康的，尽管2011年日本发生大地震而暂时降低了对铂金的需求。

供给一方的故事就更精彩了。铂金是所有大宗商品中地理分布集中程度最高的商品之一。这一特点是"极端天气"投资的关键。提醒一句，我们喜欢地理分布集中程度很高的商品。事实上，商品地理集中程度越高，越适合进行这类投资。情况就是这样，因为商品主要产区发生重大的全球气候冲击事件时，商品的价格会显著上升。商品的地理集中程度越高，商品价格上涨的幅度就越大。此外，极端天气事件持续的时间越长，对商品供给的影响就越大，而商品价格上涨持续的时间也越长，上涨幅度也越大。

整体而言，健康的需求和非常集中的供给，也使铂金归入了"交好运"象限。

我们会在后面介绍全球气候冲击对矿业的影响部分更详细地讨论铂金的情况。铂金基于极端天气的投资机会主要是在股票市场、期货市场和ETF（交易所交易基金）市场。就"极端天气"投资机会的吸引力而言，铂金的排名最高。

钯金

钯金也属于铂族金属。所有的铂族金属通常是一起开采出来的。这是因为它们往往蕴藏在同一个矿床中。铂金的生产商几乎就等于钯金的生产商。尽管有着差不多的地理分布特点，但是钯金的终端市场需求稍有不同。图1-5显示了全球钯金终端市场的需求情况。

如图所示，汽车催化剂是钯金需求的主要驱动者。事实上，由于钯金每盎司的价格要低于铂金每盎司的价格，所以钯金抢走了铂金一部分市场份额。尽管市场份额发生改变，但汽车催化剂对两种金属的需求仍然在增长。

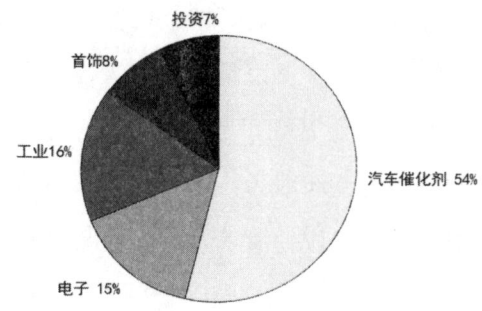

资料来源：庄信万丰公司 2010 年发布的数据

图 1-15　全球钯金终端市场的需求情况

相比之下，珠宝首饰市场对铂金的偏爱要高于钯金。除了汽车制造和首饰这两个终端市场有所区别以外，这两种金属的需求情况差不多。钯金需求的地理分布情况如图 1-16 所示。

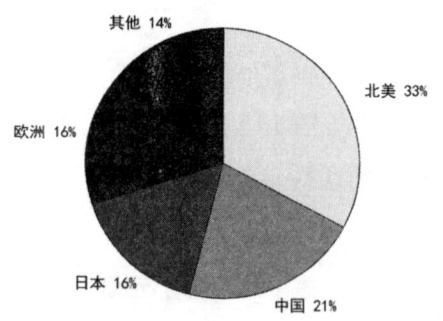

资料来源：庄信万丰公司 2010 年发布的数据

图 1-16　全球钯金需求的地理分布情况

与铂金的全球需求地理分布情况差不多，除了北美和欧洲这两个发达地区，另外两个主要需求地区是日本和中国。日本主要是因为日本的汽车制造处于全球领先地位。汽车催化剂对钯金的需求肯定是与汽车制造的速度相对应的。中国不只是对钯金来说是全球最大需求驱动者，对大部分商品来说都是。有趣的是，即使是在世界发达地区，钯金的需求也很稳健，这不仅是因为汽车制造稳定，还因为汽车尾气排放标准严苛，使汽车催化剂的需求旺盛。所以，总体来说，需求方面的情况对钯金非常有利。

钯金供给方面的情况跟铂金差不多，也绝对会让"极端天气"投资者感到兴奋。钯金具有地理分布高度集中的特点，这是"极端天气"投资者所追寻的。稳健的需求加上地理集中的供给，钯金自然也成为"交好运"类商品。

我们会在后面介绍全球气候冲击对矿业影响的章节中，详细讨论钯金的供给状况和具体的投资机会。钯金基于极端天气的投资机会主要是在股票市场、期货市场和ETF市场。

稀土

稀土元素是元素周期表中的 15 种镧系元素加上钪和钇两种元素。表 1-2 列出了稀土元素包含的这些元素。

表 1-2　稀土元素

资料来源：元素周期表

稀土元素	化学符号
钪	Sc
钇	Y
镧	La
铈	Ce
镨	Pr

钕	Nd
钷	Pm
钐	Sm
铕	Eu
钆	Gd
铽	Tb
镝	Dy
钬	Ho
铒	Er
铥	Tm
镱	Yb
镥	Lu

稀土元素的供给情况非常独特。需求方面，我们可以在图 1-17 中看到全球稀土的需求情况和稀土的各种用途。

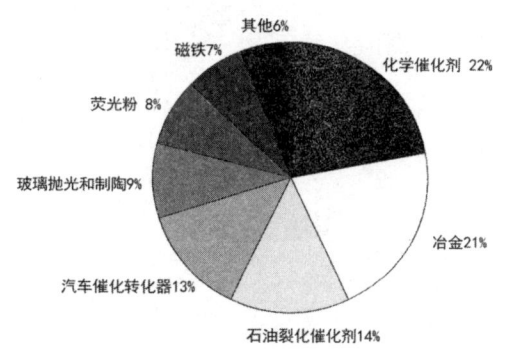

资料来源：美国地质勘探局 2010 年发布的数据

图 1-17　稀土的全球需求情况

在供给方面，目前这种原料的供给也受到了严格限制，这个会在后面讨论全球气候冲击对矿业影响的部分更详细地讨论。中国在这方面是绝对的主角，而且现在也大幅缩减了稀土的出口。这种垄断权力让中国可以制造政治性的供给冲击，这就使稀土市场非常紧俏。全球旺盛的需求加上紧张的供给，让目前的稀土直接进入了"交好运"象限。

正如我们会在后面矿业的全球气候冲击部分看到的那样，股票市场和 ETF 市场有很多稀土的投资机会。稀土基于极端天气的投资机会几乎不存在于公司债券市场和外汇市场。

钾矿石

钾矿石和下游产品钾肥的终端市场需求情况相同（参见前面玉米需求情况的介绍）。钾矿石的终端市场需求情况见图 1-18 所示。

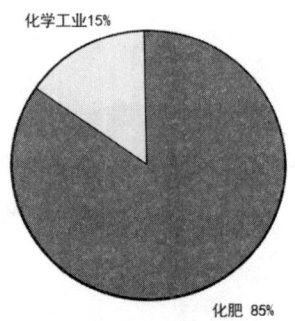

资料来源：美国地质勘探局 2010 年发布的数据

图 1-18 钾矿石终端市场需求情况

在供给方面，钾矿石也有一个绝佳的故事。不仅全球高质量、低成本的钾矿石资源数量有限，而且要额外提高钾矿石开采规模，需要很高的成本和很长的时间。产能提高有限加上需求强劲，钾矿石也成为"交好运"

一类商品。我们后面会讨论供给的更多细节。

作为"极端天气"投资者,有很多渠道投资钾矿石。我们不仅会在"全球气候冲击三:农田干旱、洪水和霜冻"一章中讨论钾肥的投资,还会在"全球气候冲击二:矿区洪水"一章中谈及。总体而言,投资机会主要是在股票市场和公司债券市场。期货市场不可以交易钾肥,外汇市场也不存在钾肥的交易机会。但是,期货市场可以交易玉米,而玉米与钾肥有关,这个我们会在后面详加讨论。

"中性"商品

锌

锌在全球金属产量排名中排在第4位,前3位分别是铁、铝和铜。图1-19显示了锌的终端市场需求驱动者情况。

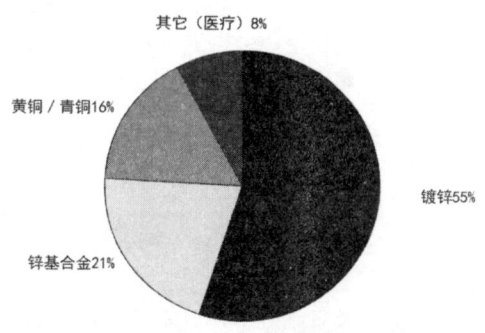

资料来源:美国地质勘探局 2010 年发布数据

图 1-19 锌的终端市场需求情况

从全球来看,锌的需求增长通常与 GDP 的增长同步。这是锌吸引力较高的表现。

但是，锌供给一方的情况并没有配合其较为稳健的需求曲线。比如拿锌和铜做个比较，高质量的铜矿资源在世界的地理分布相对比较集中，而锌的分布就较为分散，全球产量中 29% 是来自中国，如表 1-3 所示。

表 1-3 全球锌的产量分布

资料来源：美国地质勘探局 2010 年发布数据

全球锌的产量分布	占比
中国	29%
秘鲁	13%
澳大利亚	12%
印度	6%
美国	6%
加拿大	6%
墨西哥	5%
哈萨克斯坦	4%
玻利维亚	4%
爱尔兰	3%
其他	12%
总计	100%

锌的主要产地是中国，这对这个商品较为不利。注意不要把这与需求方混淆了。我们高兴看到中国对锌的需求不断增长。但是，我们并不愿意看到锌的全球供给中一大部分也来自中国。因为为了增加就业，中国政府会持续提高产量，即便他们的生产成本并不是全世界最低的。这往往会导致供给过剩，而使商品的价格相对疲软不振。

作为一种"极端天气"投资商品,锌的吸引力低了好几个等级。就像我们刚刚提到的,尽管全球对锌的需求在持续增长,但是锌的一大部分供给来自中国,并且存在供过于求的可能,所以锌供给一方的故事缺乏吸引力。这种不利的供给状况将锌推入了"中性"象限。这种状况本身并不一定会完全剥夺商品基于极端天气的投资机会。但是,由于只有很少的单一金属锌生产商(也就是说他们只生产锌),锌的供给冲击被大大削弱了。因此,我们不会花太多时间把锌当作极端天气投资的主要目标来讨论。但是,有一家公司值得一提,这家公司可以从锌供给冲击引发的价格上升中获利,就是印度的矿业公司韦丹塔资源公司(Vedanta,股票代码 VED LN)。据这家公司最近发布的公告,锌占他们公司营业总收入的21%,净利润的55%。

正如你将看到的,铝和钢铁的供给状况也像锌一样对自身身价不利,所以这三种商品都归于"中性"商品类。

铝

铝是从铝矾土矿中提炼出来的。冶炼厂通过"拜耳法"(Bayer process),可以从4吨的铝矾土矿中溶出2吨氧化铝,而2吨氧化铝可以制取1吨金属铝。

铝有一种非常受欢迎的特点,就是它的强度重量比大大优于其他很多金属,比如钢铁。铝质量较轻的特点使铝夺走了其他金属材料在交通运输行业中的大量市场份额,因为质量较轻的汽车制造材料可以节省能源。比如,较轻汽车的油耗就低于较重汽车的油耗。这一特点,加上全世界新兴市场的需求快速增长,使铝需求一方的状况非常喜人。全球铝需求的其他主要驱动者如图1-20所示。

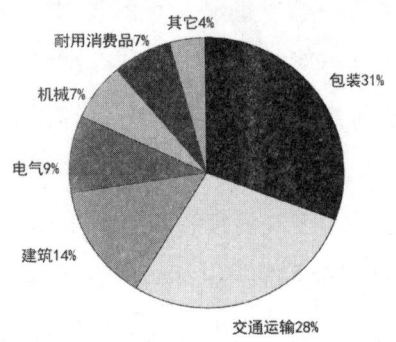

资料来源：美国地质勘探局 2010 年发布数据

图 1-20 铝的终端市场需求情况

金属铝的供给状况并没有配合强劲的需求状况而哄抬铝的身价。全球铝的冶炼生产有 40% 是在中国进行。同时，中国铝的消费量也约占全球总需求的 40%。鉴于国内对铝旺盛的需求，中国自然也要扩建铝的生产能力以满足本国需求，并增加就业。所以，很多时候只要中国成为全球某一商品的新增产能领导者，该商品就会处于供过于求的状态。这种不利的供给状况将金属铝推入了"中性"商品类。钢铁和锌也是相同的状况。

尽管比起铜，铝供给一方的故事暗淡很多，但是铝仍然存在一些基于极端天气的投资机会，特别是在期货市场，而股票市场和债券市场也存在一些机会。但外汇市场就不存在这种投资机会。具体的投资机会细节会在后面的章节详细阐述。

钢铁

全球钢铁的用量占所有金属用量的大部分，并且价格比其他金属便宜，所以从这个角度来说，钢铁是一种非常卓越的材料。如图 1-21 所示，钢铁有较大一部分用于建筑，因为钢铁满足了建筑对高强度属性的要求。

钢铁的需求状况比较稳健，特别是在非住宅建筑市场，全球对钢铁的需求随着新兴市场地区的飞速发展而变得非常强劲。根据美国地质勘探局网站发布的数据，全球的钢铁需求在以每年约4%到6%的速度增长，而中国大约消费了世界钢铁的一半。所以，钢铁需求一方的情况看起来还是非常良好的，特别是当你考虑到美国目前对钢铁的需求仍然非常强烈时，这意味着全球的钢铁需求有进一步上升的潜力。

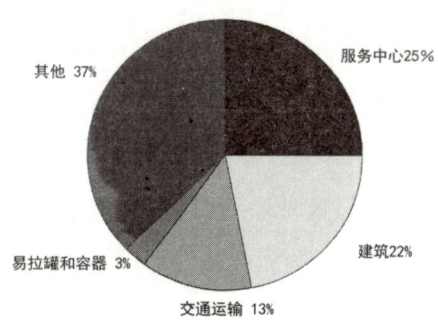

资料来源：美国地质勘探局 2010 年发布数据

图 1-21　美国对钢铁的需求情况

钢铁的供给方面，中国仍然是绝对的主角，如表 1-4 所示。

表 1-4　全球原钢的产量分布

资料来源：美国地质勘探局 2010 年发布数据

全球原钢的产量分布	占比
中国	45%
日本	8%
美国	6%
印度	5%
俄罗斯	5%

韩国	4%
德国	3%
巴西	2%
乌克兰	2%
法国	1%
英国	1%
其他	18%
总计	100%

有趣的是，钢铁、铝和锌的供给状况都类似，都以中国为主要生产国。当然，中国对这几种商品的需求都很巨大，因此，中国在不断提高产能以跟上需求的步伐，同时这也有助于缓解就业压力。尽管生产成本较高，但中国一直在提高产能。这种供给状况将钢铁以及铝和锌统统推入了"中性"商品类，尽管它们的全球需求非常稳健。

说到钢铁基于极端天气的投资机会，很遗憾，由于一些原因，这种投资机会非常少。钢铁不是直接开采出来的天然产品。它是用铁矿、焦炭（源于炼焦煤）和石灰石人工冶炼出来的。因此，极端天气类型的供给冲击更多取决于投入的原材料，而不是钢铁自身，因为铁矿和炼焦煤都是直接开采出来的天然产品。

钢铁的生产看起来似乎高度集中——主要集中在中国，但实际上中国境内的钢铁生产也非常分散，有成百上千家钢铁厂分散在中国各地。因此，降低了发生极端天气类供给冲击的可能。

钢铁期货投资如何呢？即使这个，也不是最有吸引力的"极端天气"投资机会。之前我说过，钢铁的主要原料（比如铁矿石和炼焦煤）比钢铁自身更容易遭受全球气候冲击，因为这些主要原料都是天然矿产。所以，如果我们认为应该在钢铁两个原料中某个原料遭受全球气候冲击时买入钢铁期货合约，我们就是在假设钢铁原料价格的上涨最终会传递给钢铁，导致钢铁价格上涨，因此这个期货合约投资似乎是成功的。但是，由于之前提到的原因，全球的钢铁市场会较长时间处于供大于求的状态。当一个市场供大于求时，市场会失去议价能力，因此，钢铁的价格很难大幅提高。如果钢铁的价格很难提高，钢铁期货投资也就没什么戏唱，所以钢铁的投资机会非常有限。我们还是到别处去寻找投资机会吧。

镍

镍的一个关键用途是生产不锈钢，因为它可以赋予钢铁抗锈蚀性。这一特性成为了镍终端市场需求的主要驱动因素，如图1-22所示。

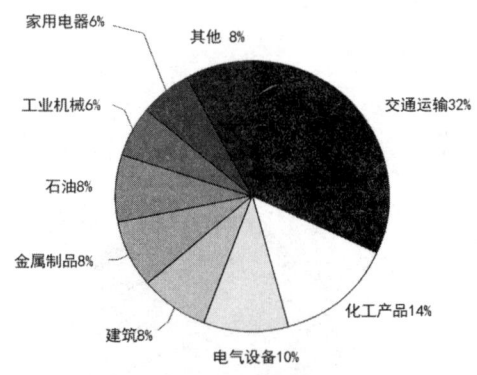

资料来源：美国地质勘探局2010年发布数据

图1-22 镍的终端市场需求情况

从全球来说，镍的需求非常稳健。由于用途非常广泛，所以往往会随着全球GDP增长而增长。

在供给方面，镍的产能逐步提高，目前正处于十年来全球供给的高位。不过，镍满足了"极端天气"投资所须的地理分布集中的条件，因此，也存在一些基于极端天气的投资机会。鉴于较为充足的供给和稳健的需求状况，镍自然归入"中性"商品一类。

镍基于极端天气的投资机会主要存在于期货市场，全球股票市场也存在少量机会。我们会在后面的"矿区洪水"一章中更深入地讨论这种机会。

铅

铅是一种非常神奇的材料。铅的用途非常广泛，可以运用于多种领域。但是，它对人体健康的危害效应抵消了这种优势。所以，很多领域都禁止含铅，特别是美国，禁止使用含铅的汽油、油漆和管道等。在美国，铅的主要用途是制造铅酸电池，这是一种汽车采用的蓄电池。美国铅需求的驱动者如图1-23所示。

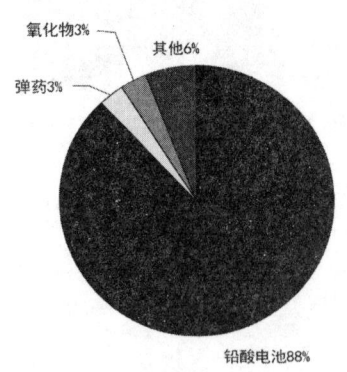

资料来源：美国地质勘探局 2010 年发布数据

图 1-23 美国铅的终端市场需求情况

铅酸电池是铅需求的主要驱动者,这对铅来说是一个好消息,因为全球汽车的制造速度非常快,尤其是中国。但是,其他很多领域对铅的需求下降,以及长期来看,锂电池有夺走铅酸电池市场份额的潜力,所以,这种需求状况将铅推入了"中性"商品类。

供给方面,全球都在开采铅矿,但是目前中国的生产量占全球总产量的大部分。表1-5显示了全球铅的产量分布情况。

表1-5 全球铅的产量分布

资料来源:美国地质勘探局2010年发布数据

全球铅的产量分布	占比
中国	43%
澳大利亚	15%
美国	10%
秘鲁	7%
墨西哥	5%
印度	2%
俄罗斯	2%
玻利维亚	2%
加拿大	2%
瑞典	2%
南非	1%
爱尔兰	1%
波兰	1%
其他	7%
总计	100%

铅也面临中国产能不断提高的问题,从这个角度说,铅的供给情况与钢铁、铝和锌的供给情况相同。除了面临中国供给过剩的问题,铅的供给方面还有一个负面的因素——铅的回收利用率非常高。根据美国地质勘探局发布的数据,美国铅的二次供给(比如废铅酸电池的回收利用)占美国铅总消费量的82%。这一点不难想象,因为美国国内几乎所有的汽车蓄电

池都会被回收利用。

这种平淡普通的全球供求状况使铅归入"中性"商品类。

当提到基于极端天气的投资机会，铅并不具备我们喜欢的特点。具体而言，我们不把铅当作"极端天气"主要投资对象的原因有以下几个：

1. 铅的全球产量中有一大部分是来自中国，我们之前多次提到这种情况往往会导致商品供给过剩。

2. 铅有绝大部分供给是源于二次资源（比如废铅的回收利用），这让铅不会遭遇全球气候冲击，因为废金属材料不是矿区开采出来的，而是有着其他来源，比如废旧汽车电池。

3. 以铅为主要收入来源的公司数量很少，因此，铅基于极端天气的投资机会在股票市场也非常少。

4. 铅不在期货市场交易，而其他商品可以提供更好的机会，所以作为"极端天气"投资者，我们会绕开这个金属。

动力煤

全球对动力煤的需求也在增长。动力煤的终端市场需求驱动者几乎只有一个，就是电力生产。中国和印度的 GDP 在以很高的速度增长，这意味着发电量也需要不断提高。事实上，中国和印度目前也以煤为原料的火力发电为主。日本最近发生的大地震及其对核能发电的负面影响，也增加了对以煤为原料的火力发电厂的需求。不过，煤也面临被其他发电能源替代的威胁，比如天然气、水能、风能和太阳能，但是鉴于目前全球的煤矿储量还很丰富（包括中国和美国已经探明的煤矿资源），以及对全球电力需求增长的积极预期，在可预见的未来内，煤仍然会在电力生产中扮演重要的角色。

在供给方面，动力煤的状况不如炼焦煤那么激动人心。全世界可以找到高质量炼焦煤的地区非常有限——事实上，主要就3个地区，包括美国东部、加拿大西部和澳大利亚东部。相比之下，高质量动力煤的分布地区就比较广。因此，动力煤只能归入"中性"商品类，而炼焦煤就可以归入"交好运"商品类。

由于动力煤的供给区域分布比炼焦煤广，所以在识别基于极端天气的投资机会时，我们的注意力主要放在炼焦煤上。

正如我们后面将会详细讨论的那样，炼焦煤基于极端天气的投资机会主要是在股票市场和公司债券市场。期货市场和外汇市场几乎不存在这种投资机会。

纯碱

纯碱是生产玻璃的关键原料。目前使用较普遍的一种玻璃叫做钠钙玻璃（soda-lime-silica）。其中的"钠"（soda）就代表纯碱。纯碱还用来生产洗涤剂和其他化工产品，但是玻璃仍然是纯碱主要的终端市场，如图1-24所示。

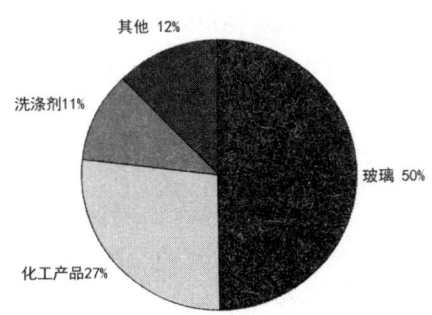

资料来源：美国地质勘探局2010年发布数据

图1-24　纯碱的终端市场需求情况

从全球来说，尽管美国的建筑市场持续低迷，但纯碱的需求还是在以1%到2%的速度轻微上升。建筑市场要使用玻璃，这是纯碱终端市场需求的主要驱动者。

纯碱供给方面的状况更有趣。一般来说，纯碱主要有两种生产方式，要么从天然碱岩中提取，要么人工合成。表1-6显示了全球纯碱的产量情况。

表1-6 全球纯碱的产量情况

资料来源：美国地质勘探局2010年发布数据

全球纯碱的产量情况	占比
天然碱，美国（主要是怀俄明州的格林河区域）	22%
合成碱	75%
其他	3%
总计	100%

全球绝大部分的天然碱是产自于美国怀俄明州的格林河区域。这个矿区主要是四个生产商在经营。从投资的角度说，其中最重要的生产商是富美实公司（FMC公司，股票代码FMC）。天然碱的生产方法成本较低。但是，这个成本低只是矿区的生产成本低。不幸的是，怀俄明州的纯碱大部分都是拿来出口的，这大概会使成本翻倍，因为主要出口地亚洲地区离得实在是太远了，这就使中国的合成碱生产商与怀俄明州的天然碱生产商的交货成本相差不大。

相比之下，合成碱是以盐和石灰石为主要原料制成的，这两种原料的供给都很充裕。纯碱的人工合成过程耗能较高，所以生产成本相对矿区天然碱的生产成本要高很多。

中国是纯碱的最大生产国和消费国。由于本国需求旺盛，原材料较易获得，并且为了解决的就业问题，这一地区很容易产能过剩。

鉴于全球需求增长缓慢，加上还有产能过剩的倾向，纯碱自然也归入"中性"商品类。

从"极端天气"投资者的角度说，纯碱的投资机会非常有限。由于天然碱主要集中在美国怀俄明州的格林河区域，所以表面看来纯碱似乎是大有前途的。当矿区遭遇极端天气事件时，确实意味着全球纯碱市场的供给冲击。但是，这只会对这一地区的主要纯碱生产商造成不利影响，比如富美实公司（FMC公司）。所以，当怀俄明州格林河地区遭遇极端天气事件时，避开这家公司的股票就好了。即便是中国的八大纯碱生产商，我们也无法通过他们挣钱，因为他们都是国营企业。此外，纯碱并不在期货市场交易，外汇市场更不会提供任何机会。总之，对于"极端天气"投资者来说，纯碱的投资指南就是在怀俄明州格林河区域遭遇极端天气事件时，避免购买富美实公司的股票。

"大麻烦"商品

正如之前的分析，大部分商品都因良好的供求前景而归入"交好运"商品类，或至少属于"中性"商品类。但有一种商品目前就偏离了这种趋势，这种商品就是北美的天然气。虽然天然气的需求已经成熟稳定并且稳中有升，但是北美地区的天然气供给却经历了戏剧性的增长。历史上，北美地区钻探天然气都是垂直钻井。不过，现在这个行业决定尝试水平钻井并配合水压致裂法。这个看似简单的改变，却让这个行业在未来几年的天然气供给大幅提升。图1-25显示了天然气主要新增供给——"页岩气"（因这种天然气蕴藏于页岩层而得名）的分布情况。

资料来源：美国能源信息署 2009 年发布资料

图 1-25　美国本土页岩气田的分布

第 1 章　大宗商品及现状

图 1-26 显示了一种更为传统的天然气资源——"致密气"的分布情况。

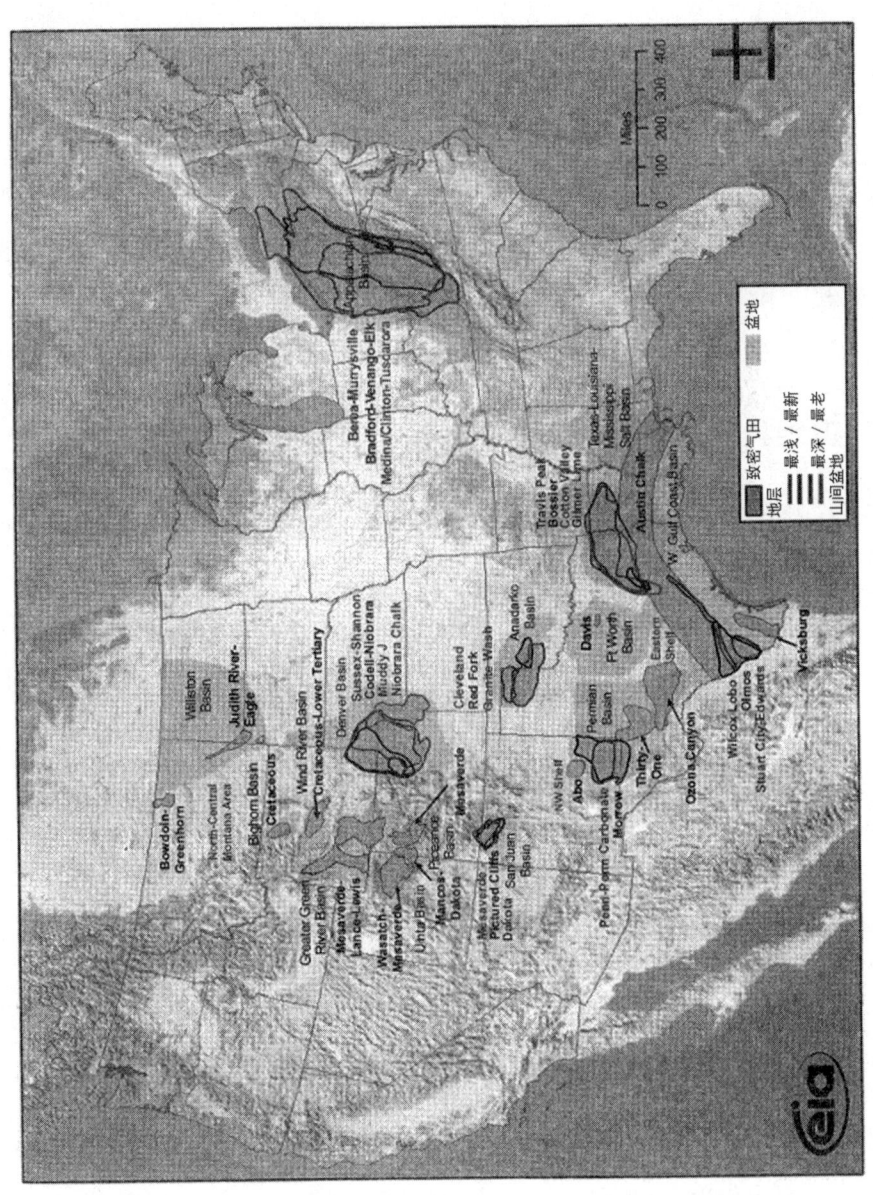

资料来源：美国能源信息署 2009 年发布数据

图 1-26　美国本土主要致密气田的分布

大量的新增供给对天然气生产者来说，显然是个坏消息，因为这对天然气价格施加了下行压力。

从"极端天气"投资者的角度来说，尽管天然气归入了"大麻烦"商品类，但是仍然有一些投资机会，这主要跟美国的飓风有关。我们会在后面的极端飓风天气事件一章中详细讨论。这里简单说一下，这些投资机会主要是在股票市场、债券市场和期货市场。我们会在第8章"现实案例：交易机会和择时"中举一些现实生活中的例子及其对天然气的影响。

其他具有少量投资机会的商品

在考虑全球气候冲击带来的投资机会时，分析的重点在于供给遭显著破坏的可能。下面，我们会考虑瘦猪肉和活牛。

在分析瘦猪肉或活牛的供给会不会遭到极端天气事件的显著破坏时，答案似乎是否定的，从而否定了这类商品基于极端天气的投资机会。但是，事实上，肉类的生产也会发生供给冲击，但这更多是由疾病导致，与天气无关。

肉类生产行业的直接投资机会主要涉及玉米的供给冲击引发价格上涨。供给冲击引发玉米价格上涨，会增加猪和牛的饲养成本，但是这是次级效应，不如投资玉米期货来得直接。

第 2 章　投资品种：股票、债券或期货

正如我们刚刚在上一章看到的那样，绝大部分商品都有着非常乐观，至少中性的基本面前景。单就这一状况，这些商品在投资者的眼里就非常有吸引力。但是，如果深入研究由全球气候变化引发的供给冲击，这些商品就会越发令人激动。有两种因素在协同作用。供给冲击会导致商品价格上涨，同时，如果商品的供求状况本就紧张，而市场参与者本就担心供给不足，那么对价格上涨的担忧就会演变为恐慌，从而导致市场价格更为剧烈地上涨。这就增加了投资者赚钱的机会。

后面，我们将开始深入探究具体的全球气候变化和对应的供给冲击。我们还会找出可以从这种供给冲击中获利的股票的名字，以及如何通过它们赚钱的方法。不过，当我们开始探索如何基于全球气候冲击和极端天气事件投资时，还是先让我们大致了解一下各个金融市场，并将它们相互做个比较。

表 2-1 用非常简单的形式概括了全球气候冲击和极端天气事件带来的投资机会。这是一个表格，表格第一行是主要的金融市场，表格左边第一列是相关的商品及部门。

表 2-1　"极端天气"投资机会

极端天气投资机会	股票	债券	期货	外汇
金属/矿业/石油/天然气	很多	很多	很多	少量
农业/谷物	很多	很多	很多	很少
石化	少量	少量	很少	很少
一般工业	少量	少量	很少	很少

如表所示，表格用定性的词汇描述了各种组合在全球气候冲击和极端天气事件中的投资机会数量。它们都有很多投资机会，这让基于全球气候冲击的投资成为一种令人振奋而且多样化的赚钱方式。但是，从表中可以看到，有些部门的投资机会要多于其他部门。至于选择哪个金融市场以及投资哪个商品或部门，完全取决于读者自己。在本书的这一章中，我们将着重关注股票市场，原因仅是后面会提到的一些最简单的原因，但绝不会因此就否定其他金融市场存在的大量机会。在了解了所有可利用的投资机会后，读者自然会根据自己的偏好和技能水平而选择某些部门和品种。

对于很多读者来说，选择股票市场的基本理由如下：

1. 它是一个普通大众最理解的市场。

2. 它是一个任何人都可以在自己的个人交易账户中买卖股票的市场。

3. 它是一个拥有众多买家和卖家的高流动性市场，交易很容易进行。

4. 最后，股票、债券和期货市场之间存在很高的相关性，所以当你可以通过很容易参与的股票市场获得同样的结果时，为什么还要费神卷入不太熟悉的债券市场和期货市场呢。

第 2 章 投资品种：股票、债券或期货

后面的章节会继续证明这三个市场（股票、债券和期货）之间存在的相关性。如果你已经决定选择股票市场，就完全可以跳过本章的剩余部分。

正如本章的标题一样，我们的目标是将极端天气事件转换为股票、债券和期货市场的投资机会。将这三大金融市场连系起来的是商品的核心基本面。我们将通过商品铜来阐述这个观点。

铜的基本面非常强劲。在需求方面，全世界都需要铜。事实上，尽管过去几年美国的建筑市场疲软不振，但我们需要的铜仍然一年比一年多。这主要是因为一些新兴市场国家对铜的需求特别旺盛，比如中国和印度，他们的需求增长远远抵消了一些成熟经济体在经济衰退时期对铜需求的减少。一旦美国和其他成熟地区的建筑市场复苏，全球对铜旺盛的需求还会进一步加剧。所以，铜需求方面的前景一片光明。

供给方面，包括智利和秘鲁在内的世界主要铜矿生产区有一些增产计划，但是这些计划很可能跟不上现在需求增长的步伐，主要是因为我们现在开采的每吨铜矿中铜的含量越来越低了。

所以，当比较需求前景和供给前景时，铜未来的供求关系将会非常紧张，这意味着铜的供给会不足。假如你是铜的需求者，并且市场没有足够的铜可以提供，你就会因为担心而愿意支付更高的价格来获得你需要的铜。这种担心会推动铜的价格走高。当铜的价格走高时，铜的生产者会变得非常开心。因为铜的价格越高，生产者的利润会越高，而利润越高，生产者的股票价格也会越高。如果我们以弗里波特·麦克莫兰铜金公司（Freeport McMoRan，股票代码 FCX）为例，这种关系会更明显。股票市场

对铜的价格走势非常敏感。如图2-1所示,铜的价格与弗里波特·麦克莫兰铜金公司的股票价格高度相关。简单地说,就是当铜的价格上涨时,弗里波特·麦克莫兰铜金公司的股票价格也会上涨。

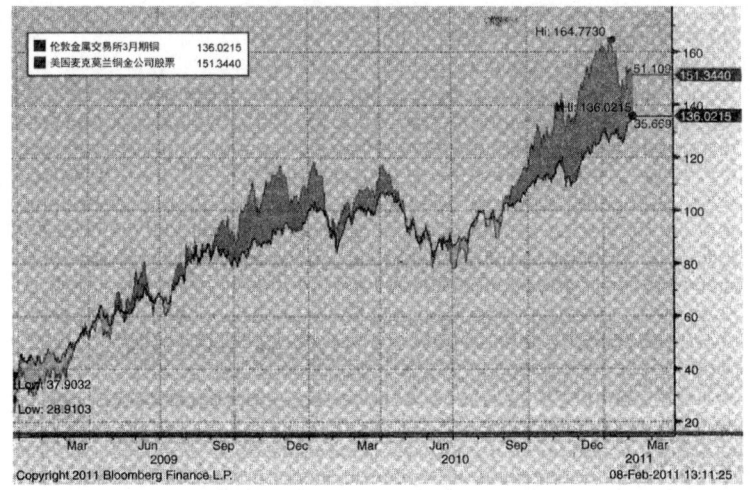

资料来源:经彭博通讯社许可使用

图2-1 铜的价格与弗里波特·麦克莫兰铜金公司的股票价格

在弗里波特·麦克莫兰铜金公司一例中,铜的价格与公司股票的价格相关性极高,因为铜大约占这家公司总营业收入的75%。这家公司另外还生产黄金和钼,但是这两种金属所占的比例很小,所以,铜是其股票价格的主要驱动者。为了选到最合算的股票,一定要熟记受每一种商品影响最大的几家公司的名字。我们稍后会详细介绍。

那么,股票和债券的关系是怎样的呢?之前提到过,将股票、债券和期货市场联系起来的是相关商品的基本面情况。如果铜的前景和当前的价格都很有利,股票市场的反应就会很积极,不过,债券市场会如何反应呢?其实,债券也喜欢相关商品的基本面表现强劲,所以从这个角度来说，债券市场的反应会很相似。在这里，我们只需要了解一下公司债券的情况，就会很清楚了。公司债券也像股票一样在投资者与投资者之间交易。公司债券也有一个投资者买入或卖出的价格。当一家公司业绩提高，债券风险因此降低时，公司的债券价格就会走高。而当一家公司业绩越来越糟糕，债券风险因此上升时，公司的债券价格就会走低。一幅图片可以胜过千言万语，所以让我们来看图2-2。正如你看到的，这幅走势图显示在过去四年，也就是包括全球经济大衰退前后那段时间，股票和债券的价格相互追踪，两者之间具有极高程度的相关性。这里是用标准普尔500指数代表股票市场，高收益公司债指数代表债券市场。从我们的角度来说，这是一个好消息，因为这意味着当我们决定投资受全球变暖影响的公司时，可以随便选择其中任何一个最适合我们自己的市场。

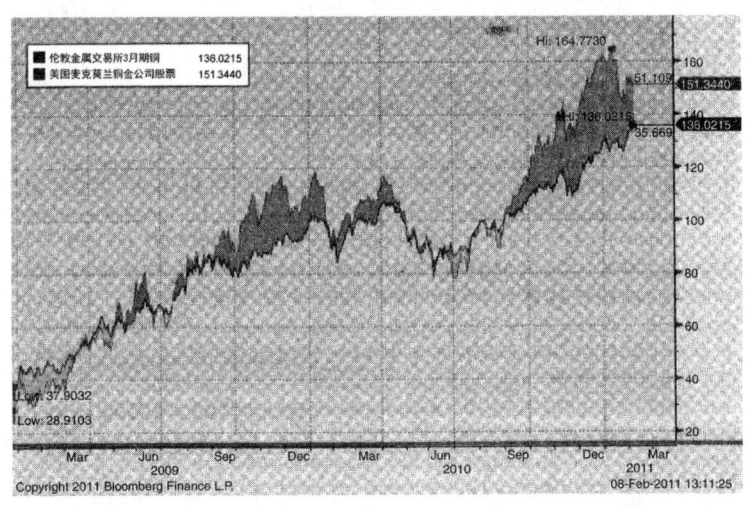

资料来源：经彭博通讯社许可使用

图 2-2　标普 500 指数和高收益公司债指数

股票市场和债券市场的一个主要区别是，如果你拥有一家公司的债券，你可以每半年从公司那里获得一笔额外的固定现金收益。这个债券的现金收益实际上就是公司为债务支付的利息。公司的债券跟你在债券市场购买的债券是一回事。债券的好处在于即使债券的价格没有上涨，你仍然可以每半年获得一次利息。当然了，你也可以购买会分红的公司股票，获得相同的基本收益。

期货市场又如何呢？（见第13章的"期货市场投资基本原则"了解更多期货市场细节）。我们以铜为例。期货市场的美妙之处在于其简单性。它的主要关注点就是铜的价格。当铜的现货价格（你为立即交付的商品支付的价格）走高时，期货市场铜的价格也会跟着走高。如果你在期货市场买入铜之后，铜的价格突然暴涨，你就赢了。更具体一点说，你买入一份铜的期货合约后，如果铜的价格暴涨，你就可以卖出这份铜的期货合约，兑现利润，而不需要染指真实的铜交易。期货市场不关心公司的财务总监是否退休，不在意公司的养老金资金是否不足，对公司解雇1000名员工的消息也无所谓。它只关心铜的价格波动。相比之下，股票市场和公司债券市场就要关心这方方面面的情况。所以，期货市场相对简单很多。但是，期货市场往往是专业投资者参与的市场，大众投资者参与较少，虽然普通大众也可以通过他们的个人交易账户经纪商，或直接通过ETF市场参与期货市场交易（参见后文）。所以，你也可以选择进入期货市场来利用本书讨论的极端天气事件获利——这取决于你是什么类型的投资者。

现在，为了方便那些想要交易股票市场之外的其他金融市场的读者，我们来对股票、债券和期货市场做进一步的分析比较。正如之前所示，在全球经济衰退的前后3到4年时间里，这三个主要金融市场的走势紧密一致。在这次大衰退中，所有市场走势如此一致的部分原因在于，所有的东西都在下跌，而且下跌惨重。同样的，在从2009年3月开始的复苏进程中，这些市场的走势也会继续保持极高的相关性，因为所有市场都触底了，除了上涨没有别的选择。但是，如果我们仔细查看在市场已经开始复苏后的 2010 年全年的走势，会发现什么吗？

为了更清楚明白地了解这三个市场，我们随机选择了 11 种商品进行比较，如表 2-2 所示。

表 2-2　2010 年股票、债券和期货市场的对比情况

资料来源：公开价格数据

2010 年对比结果				
商品	代表公司	股票	债券	期货
铜	弗里波特·麦克莫兰铜金公司	44%	10%	29%
铝	美国铝业公司	-5%	12%	9%
黄金	纽蒙特矿业公司	26%	13%	30%
白银	第一帝银公司	250%	NA	76%
铂金	诺瑟姆铂金公司	-6%	NA	21%
炼焦煤	泰克资源公司	61%	12%	17%
玉米	加拿大钾肥公司	37%	12%	38%
石油	赫氏公司	21%	13%	12%
钢铁	钢铁动力公司	0%	8%	34%
动力煤	皮博迪能源公司	34%	14%	59%
天然气	切萨皮克能源公司	-8%	10%	-30%
	获胜数	4	2	5
	回报中位值	26%	12%	29%
	回报均值	41%	11%	27%

注意：动力煤和炼焦煤采用现货价格。

表中为每一种商品选择的代表公司都是该商品的主要生产商。表中也对每一家公司的股票和债券进行了比较。这一方法让我们可以在极小的误差范围内看到这三种金融市场的直接关系，因为股票和债券市场的价格反应与同一种商品市场状况有关。此外，由于我们选择 2010 年全年作为参考

时间，就可以较少受到2009年初发生的全球经济大衰退谷底的影响。我们的分析没有采用2008年和2009年的数据，这就排除了这一时期市场相关性高于均值的状况的影响。

现在是时候看看对比结果了。我们可以从多个角度来解读这个表中的数据，但是可以从中总结出的关于这三个市场的基本结论如下：

如表所示，如果你在2010年参与这三个市场中任何一个，你都可以获得不错的交易成绩。

即使是通常认为较为保守的债券市场，也可以看到2010年的中位数回报约为12%——这个回报率绝不寒酸。债券市场表现如此亮丽的其中一个原因，是我们过去以及现在仍然处于从衰退谷底开始的复苏过程中。

如表中的"获胜数"所示，从回报中位值的角度看，2010年的最大赢家是期货市场，11种商品中有5种商品获胜。注意，如果我们采用回报均值而不是回报中位值，那么股票市场就是整体赢家。如你所见，我采用中位值的原因是第一帝银公司（First Majestic）的股票回报率高达250%，这是一个很异常的回报值，但是，更重要的是这个回报证明了股票市场具有可怕的上涨潜力。

可能有人会想知道期货市场是如何打败股票市场的。答案非常简单。当出现全球气候冲击或极端天气事件时，相关商品的价格会上涨。而生产该商品的公司股票也很可能跟着上涨，但是这家公司可能同时也存在一些负面的问题。比如，这家公司可能面临以原油为基础的能源成本飙升的问题。所以，即使商品的价格上涨，但公司的利润可能因为成本高升而无法像商品的价格那样上涨。这是期货市场常常打败股票市场的主要原因。这

第 2 章 投资品种：股票、债券或期货

也是期货市场对于"极端天气"投资者来说更有利可图的原因。

从回报来看，公司债券市场的表现也令人印象深刻。债券市场的回报是由两部分组成的。一部分是公司半年一次向投资者支付的利息，一部分是债券的价格上升（也可能下降）。12%的回报中位值非常不错，但是一般情况下，债券的这个回报值会低于股票市场。这是源于一个基本的投资原则——风险越高，潜在回报也应该越高。你可能会问为什么股票的风险高于债券的风险。原因在于资本结构中的啄食顺序。理论上，在公司发生破产清算时，有担保债券的持有者会优先获得全额偿还。在啄食顺序中，紧随有担保债券持有者之后的是无担保债券持有者。最后才会轮到股票持有者，而这时公司很可能已经分文不剩，股票持有者就拿不回原来的投资了。

另外，债券有一种性质，叫做不对称性。这指的是相对于债券价格下跌的潜力，债券价格上涨的潜力十分有限。但是，在啄食顺序中，债券比较靠前，因此，比起股票，债券是一种风险较低的投资品种。此外，即便一家公司的业绩非常亮眼并且公司成长很快，但债券无法享有这个成果，因为债券毕竟是一种债务凭证，在债券到期时，持有人可以全额拿回原来的本金。所以，公司新增价值的大部分都属于股票持有者，这也就导致股票价格的波动率高于债券。

我们要决定的关键问题是，我们是选择避开风险较高的股票和期货市场而因此错过一些升值的潜力，还是选择更为稳定但回报较低的债券市场。这是个人的决定，取决于投资者自己的需求、偏好和技能水平。在阅读完本书的所有章节后，你一定可以更好地决定选择哪个金融市场进行"极端天气"投资。

当你看到本书中的"行动计划"表格时，请记住一点，即使这个表指向某一家公司时，用的是公司的名字和股票代码，但也同时表明这家公司的债券也是一个不错的选择。

你即将发现，接下来 5 章内容将是一场精彩纷呈的全球旅行。在这些章节中，我们会找出全球主要的极端天气事件。此外，最重要的是在阅读了这些章节后，你几乎可以在全世界任何极端天气事件中找到对应的公司和商品。

第3章 全球气候冲击一：冰雪灾害

我真的有好消息给你。下次当你的房前屋后被世纪暴风雪层层覆盖而不得不奋力铲雪时，你可以微微一笑，因为你知道在这种情况下哪只股票将有大作为。接着往下读。

冰雪灾害通常意味着某些商品的供给冲击，因为要运输商品通过这些冰雪灾害侵袭地区非常困难，但是，更为直接的影响是这种天气会增加对某些商品的需求。具体而言，当极端的暴风雪和冰冻天气袭击某些地区时，这些地区对盐和除雪机的需求会上升。

盐

要利用盐的需求上升赚钱，我们不仅要找出以盐为主要产品的公司名字，让资金发挥最大的效用，而且还要找到公开发行了股票的公司。放眼全球，排名第一的盐类生产商是德国的 K+S 公司。K+S 公司最近在陶氏化学公司（Dow Chemical）收购罗门哈斯公司（Rohm and Haas）后，将罗门哈斯下属的莫顿盐业（Morton Salt）收归旗下，从而巩固了其全球盐业生产第一的位置。其他盐的主要生产商还有康巴斯矿业公司（Compass Minerals）。K+S 公司更多的是一个全球级玩家，它在德国和其他欧洲地区，以及全世界其他地区处于统治地位。而康巴斯更多只是在北美称霸。表3-1 和表3-2 分别显示了这两家公司的收入及地理分布情况。

表 3-1　盐生产商的收入构成

资料来源：公开发布文件

产品收入分类	K+S 公司（代码 SDF Gr）	康巴斯矿业公司（代码 CMP）
盐	30%	87%
肥料	67%	13%
其他	3%	0%
总计	100%	100%

表 3-2　盐生产商的收入地理分布

资料来源：公开发布文件

收入地理分布	K+S 公司	康巴斯矿业公司
德国	18%	
其他欧洲地区	36%	
美国		75%
加拿大		20%
世界其他地区	46%	5%
总计	100%	100%

单纯从利用盐的需求增长获利的角度说，康巴斯矿业公司更胜一筹，因为盐占这家公司所有业务的比重更大。他们几乎算是专一生产盐的公司了。再看地理分布对比，如表 3-2 所示。

公司的地理分布情况一定要牢记，因为中国在遭遇可怕的冰雪灾害时，康巴斯矿业公司是不会收获直接利益的。但是，由于其 75% 的收入都来自于美国，所以当美国遭遇严重冰雪灾害时，他们会直接受益。事实上，在 2011 年的那个冬天，美国就遭遇了严重的暴风雪袭击。那时，可以看到康巴斯（股票代码 CMP）这个主要盐生产商的股票价格大幅上涨，轻易超过了标准普尔 500 指数的表现。我们会在第 8 章"现实案例：交易机会和择时"中更多探讨这个股票的反应，并列出其他很多现实生活中的例子。

除雪机

问美国东北地区的任何一个人，问他为什么选择铁锹而不是除雪机除雪，你可能会听到类似这样的回答，"嗯，我想这是一个不错的锻炼方式"或者"除雪机太贵了"。但是，如果是一个冬天需要铲雪 50 次，而且每次暴风雪带来的积雪达一尺多厚，那么最顽固的铁锹铲雪者恐怕也要考虑买他们的第一台除雪机了。毕竟，铲雪其实对身体健康没有什么好处，因为铲雪是一项笨重且不对称的活动，它会使人的背部肌肉紧张，更不要提铲雪者从久坐的状态一下子进入剧烈的铲雪劳动中会对心脏产生什么影响。

在这种背景下，严重冰雪灾害带来的其他投资机会就是除雪机或者铲雪车了。这类产品主要有三大上市公司。他们是托罗公司（Toro，股票代码 TTC）、奥什科什公司（Oshkosh，股票代码 OSK）和日本本田公司（Honda，股票代码 HMC）。遗憾的是，这几家公司的产品太多样化，公司品牌很难跟除雪机联系起来。特别是日本本田和奥什科什，它们都以汽车而不是除雪机闻名。而托罗虽然产品也多样化，但是它的除雪机知名度还是比较高，对于公司品牌的贡献比较大。因此，在冰雪灾害带来的除雪机类投资对象中，推荐托罗公司，因为它与冰雪灾害天气的联系最紧密。但是，再与之前的盐生产商做比较的话，更推荐康巴斯矿业公司，因为这家公司的绝大部分收入来自于盐，而且主要集中在美国。

第4章　全球气候冲击二：矿区洪水

矿区遭遇严重的洪水可以破坏很多种矿产品的供给。首先让我们看看能够成为潜在投资对象的矿业公司必须满足的两个条件：（1）主营矿石长期的供求基本面状况非常有利，（2）高品质矿石高度集中在有限几个地区。满足了这两个条件，我们可以预见在矿区遭遇大洪水时，这些公司会对供给冲击做出什么样的反应。在我们探讨具体的矿石类型和具体的矿石生产商之前，一定要先理解供给冲击和商品反应相关的一些基本概念。这些关键点如下：

由自然界（也就是全球气候变暖）引起的商品世界的供给冲击基本上就是指负面的供给变化。换句话说，商品可供给的数量减少了。不管引发的原因是什么，不管是由雨、雪、冰、干旱、飓风、地震、火山还是矿区洪水引发的，结果都是一样的——都暂时或者永久性地降低了商品的供给。正如我们之前说过的，当商品的供给减少时，商品的价格会上涨，而且往往是十分剧烈的上涨。所以，通常情况下，由全球变暖引发的供给冲击对商品非常有利（见后面的例外情况）。

有一些公司或地区是例外，他们无法从供给冲击导致的商品价格上涨中获利，这就是那些直接遭遇供给冲击的公司或地区。比如，那些遭洪水猛烈袭击的地区就无法从供给冲击中获利，因为他们已经没有产品可卖。但是，其他没有遭遇洪水袭击的地区和生产商就可以极大地获利。

所以，投资者一定要牢记所有关键商品和这些商品的所有生产者的地理分布情况。

掌握了这些情况后，你就可以立即展开行动，投资那些没有卷入大规模供给冲击并且能从供给冲击中获利的公司。

所以，我们希望能够满足的两个关键条件是：（1）有着灿烂的供求基本面前景（可以记住我们之前列出的"交好运"类商品列表）。（2）矿区地理分布高度集中。

一定要意识到，"极端天气"投资最适合那些市场已经开始担心商品短缺而使供求关系格外紧张的商品（也就是"交好运"类商品）。但是，这并不意味着"极端天气"投资机会不存在于那些供求平衡甚至供过于求的商品。我们也可以从这类吸引力较低的商品中获利，因为全球气候变化引发的供给冲击，也会导致原本平衡的供求关系变得紧张，从而导致商品的价格上涨。我们会在接下来的部分讨论"交好运"商品和"非交好运"商品的情况。

炼焦煤

我们将从炼焦煤开始，因为它提供了一个非常精彩的例子：在写作本书的时候，澳大利亚东部正被大洪水淹没，而炼焦煤满足此前所述的两个关键条件。这里再提示一下，炼焦煤有着强劲的供求基本面前景，然而全球只有很少几个地区出产非常高质量的炼焦煤（又称为硬焦煤）。

首先看地理分布，全世界最好的炼焦煤产自于澳大利亚东部、美国东部和加拿大西部。2010年，这三个地区合起来的产量约占全球交易的炼焦煤总量的80%。在这80%中，澳大利亚东部占64%，美国占24%，加拿大占12%。

说到这个商品的需求情况，中国大约消费了世界炼焦煤产量的一半。中国也生产大量他们自己的炼焦煤，但是质量和数量都达不到要求，因此需要从国外进口才能满足自身的需求。只要简单看看炼焦煤的地理分布数据，就很容易知道澳大利亚东部遭遇洪灾会造成多么严重的影响。这将意味着全球的炼焦煤市场强烈的供给冲击。知道澳大利亚陷入麻烦后（从供给的角度），我们就要寻找产区不在澳大利亚的炼焦煤生产商（公司），因为他们才会从炼焦煤价格的上涨中获利。另外，从这种供给冲击中获利最大的公司，是那些绝大部分收入来自于炼焦煤的公司。全世界最大的高质量炼焦煤生产商如表4-1所示。这些公司各自的股票代码如表4-2所示。

表4-1 高质量炼焦煤生产商

资料来源：公开资料

公司	炼焦煤销售占比	澳大利亚	美国东部	加拿大西部	其他
必和必拓	12%	×			
泰克资源	50%			×	
斯特拉塔	15%	×			×
英美资源	12%	×			×
沃尔特能源	80%		×	×	
阿尔法自然资源	13%		×		
力拓矿业	10%	×			×
麦克阿瑟煤炭	94%	×			
皮博迪能源	10%	×			

表 4-2 炼焦煤生产商的股票代码

资料来源：公开资料

炼焦煤公司	股票代码
必和必拓（BHP）	BHP Au
泰克资源（Teck Resources）	TCK
斯特拉塔（Xstrata）	XTA Ln
英美资源（Anglo）	AAL Ln
沃尔特能源（Walter）	WLT
阿尔法自然资源（Alpha）	ANR
力拓矿业（Rio Tinto）	RIO Ln
麦克阿瑟煤炭（MacArthur）	MCC Au
皮博迪能源（Peabody）	BTU

如图所示，必和必拓（BHP）、斯特拉塔（Xstrata）、英美资源（Anglo American）、力拓矿业（Rio Tinto）和麦克阿瑟煤炭公司（MacArthur）不会是此事件的最大受益者，因为他们的炼焦煤生产就位于澳大利亚东部，因此，他们的炼焦煤生产会受到洪水的破坏。受益最大的公司是那些产区不在澳大利亚，并且炼焦煤占其总收入比例较大的公司。满足这一条件的公司是泰克资源（Teck Resources）、沃尔特能源（Walter Energy）和阿尔法自然资源（Alpha Natural Resources）。世界任一区域发生洪涝灾害时，只要看看表中公司的地理位置以及公司的销售数据，我们就可以立即知道哪些公司可以从此事件中获利最多。

为了便于说明，让我们来做一个假设。假如洪水发生在加拿大西部的炼焦煤产区，那么此时最大的输家是谁，最大的赢家又是谁呢？你可以试着根据表中的信息来分析。最大的输家会是泰克资源和沃尔特能源，因为他们的矿区就坐落在加拿大西部。最大的赢家会是麦克阿瑟煤炭，因为他位于澳大利亚东部，而且几乎是单一的炼焦煤生产商（只生产炼焦煤一种商品）。你

第4章 全球气候冲击二：矿区洪水

答对了吗？很好，我猜你肯定答对了，因为有了这张表，答案就非常清晰明确了。本例中的第二大赢家会是产区不在加拿大的其他所有炼焦煤生产商，包括必和必拓、斯特拉塔、英美资源、力拓矿业和阿尔法自然资源。他们只能算作第二大赢家的原因是，炼焦煤只占他们总收入的一小部分，所以会对各自公司的股票价格产生较小但是仍然可观的积极影响。

现在，我们已经有了这个公司的地理分布和产品情况表。掌握了这些信息后，我们就可以在世界任何地区的矿区遭遇洪水侵袭时，立即采取行动。

表4-3总结了全球各个炼焦煤主产区遭遇洪灾时我们可以采取的行动计划。

表 4-3 针对炼焦煤的行动计划

资料来源：公开资料

	洪水发生地：澳大利亚东部	洪水发生地：加拿大西部	洪水发生地：美国东部
最大赢家（排名）	沃尔特能源（80%）	麦克阿瑟煤炭（94%）	麦克阿瑟煤炭（94%）
	泰克资源（50%）	必和必拓（12%）	泰克资源（50%）
	阿尔法自然资源（13%）	斯特拉塔（15%）	斯特拉塔（15%）
		阿尔法自然资源（13%）	必和必拓（12%）
		英美资源（12%）	英美资源（12%）
		力拓矿业（10%）	力拓矿业（10%）
		皮博迪能源（10%）	皮博迪能源（10%）
最大输家（排名）	麦克阿瑟煤炭（94%）	沃尔特能源（80%）	沃尔特能源（80%）
	斯特拉塔（15%）	泰克资源（50%）	阿尔法自然资源（13%）
	必和必拓（12%）		
	英美资源（12%）		
	力拓矿业（10%）		

注意：在写作本书时，安赛乐米塔尔公司和皮博迪能源公司已提出联手收购麦克阿瑟煤炭公司。

想要了解各公司股票在澳大利亚东部洪灾事件中的实际反应,以及具体的执行策略,请见第 8 章 "真实生活案例:执行、结果和择时"。

铁矿

在探究潜在的矿区洪灾会对铁矿市场产生什么影响时,我们会采用与炼焦煤相同的方法。我们首先要确定铁矿主产区的地理位置以及铁矿市场的主要生产者,然后再确定各种极端天气事件中的最大赢家和最大输家。现在就从全球铁矿的产量分布情况开始吧,请见表 4-4。

表 4-4 全球铁矿的产量分布

资料来源:美国地质勘探局 2010 年发布数据

铁矿产量分布	占比
澳大利亚西部	24%
中国	22%
巴西	18%
印度	13%
独联体	11%
非洲	4%
加拿大	3%
其他	5%
全球总产量	100%

如表 4-4 所示,铁矿的主要产地是澳大利亚西部、中国、巴西、印度和独联体。由于全世界约有一半的钢铁产量来自中国,这就意味着全世界铁矿的需求约有一半来自中国。与之前的炼焦煤类似,中国出产的铁矿不论是质量还是数量都无法满足自身需求,所以他们需要从表 4-4 中列出的

其他国家进口铁矿。世界任何一个铁矿主产区遭遇洪水（或者其他任何自然灾害），都会严重影响铁矿市场。特别是当澳大利亚西部或巴西遭遇灾害时，这个供给冲击就会更严重。但当中国自己遭遇类似灾害时，对铁矿市场的影响就不会太大，因为中国的钢铁生产也很可能一并遭到了破坏——削减了对铁矿的需求。因此，铁矿市场"有利可图"的供给冲击更多是来自于澳大利亚西部和巴西。

现在，让我们来看看铁矿市场的主要生产者有哪些，然后再确定全球各种灾害情况下的最大赢家和最大输家分别是谁。从寡头垄断角度说，铁矿市场是令人印象最深刻的市场之一。市场参与者通常集中在"海运铁矿石市场"。如此集中的原因是全球大部分铁矿石都从巴西和澳大利亚西部运往中国。在这个海运市场，三大巨头掌控了铁矿石世界。必和必拓、力拓矿业和淡水河谷（Vale）占了世界约80%的市场份额。事实上，全球对钢铁的需求在放量增长，而未来几年的钢铁供给将相对紧张，因此，这个市场非常有吸引力。

见表4-5，我们可以看到铁矿的六大生产商的名字和地理位置，以及铁矿占各个公司总收入的百分比。表4-6列出了这几家上市公司的股票代码。

表4-5　铁矿主要生产商

资料来源：公开资料

	必和必拓	力拓矿业	淡水河谷	弗特斯克	韦丹塔	克里夫斯
铁矿收入占比	21%	28%	61%	100%	15%	89%
铁矿产量地理分布						
澳大利亚西部	×	×		×		
巴西			×			
印度					×	
其他						×（美国）

图 4-6　铁矿主要生产商的股票代码

资料来源：公开资料

铁矿公司	股票代码
必和必拓（BHP）	BHP Au
力拓矿业（Rio Tinto）	RIO Ln
淡水河谷（Vale）	VALE3 Bz
弗特斯克（Fortescue）	FMG Au
韦丹塔（Vedanta）	VED Ln
克利夫兰·克里夫斯（Cleveland Cliffs）	CLF

表 4-5 实际上是一幅如何对全球矿区洪水新闻做出反应的详细路线图。我们不仅可以立即判断出谁是赢家谁是输家，而且还可以对它们进行排名。例如，在澳大利亚东部被洪水淹没时（这是在本书写作时澳大利亚东部发生的真实事件），哪些地区的生产商（上市公司）会受益，哪些又会遭殃？很显然，澳大利亚西部的公司会遭殃，因为之前说过，直接撞上供给冲击的公司会遭受损失。这就意味着必和必拓、力拓矿业和弗特斯克公司会在此事件中损失惨重。如果排名的话，弗特斯克公司的损失最惨重，因为他们的全部收入都来自于铁矿，更具体地说是 100% 来自于澳大利亚西部。此次事件的赢家依次就是克里夫斯自然资源（Cliffs Natural Resources）、淡水河谷和韦丹塔公司。克里夫斯自然资源是最大的赢家，因为铁矿占他们总收入的 89%，并且都不在澳大利亚西部。同样的，淡水河谷也会大大获利，因为铁矿占他们总收入的 61%。而韦丹塔也会因为铁矿石价格上涨而部分受益，但是韦丹塔的获利比不上其他两家公司，因为铁矿石只占其总收入的 15%。

表 4-7 总结了全球各个铁矿主产区遭遇洪灾时我们可以采取的行动计划。

表 4-7 针对铁矿的行动计划表

资料来源：公开资料

	洪水发生地：澳大利亚西部	洪水发生地：巴西	洪水发生地：印度
最大赢家（排名）	克里夫斯自然资源（89%）	弗特斯克（100%）	弗特斯克（100%）
	淡水河谷（61%）	克里夫斯自然资源（89%）	克里夫斯自然资源（89%）
	韦丹塔（15%）	力拓矿业（28%）	淡水河谷（61%）
		必和必拓（21%）	力拓矿业（28%）
		韦丹塔（15%）	必和必拓（21%）
最大输家（排名）	弗特斯克（100%）	淡水河谷（61%）	韦丹塔（15%）
	力拓矿业（28%）		
	必和必拓（21%）		

铜

我们的下一个讨论对象是铜矿。铜矿满足了我们之前提出的两个关键条件：（1）有着光明的供求基本面前景，（2）地理分布高度集中，以至于任何一个集中区域遭遇供给冲击事件时，都能产生明确的赢家和输家。

让我们先看看铜矿的地理分布情况，见表 4-8。

表 4-8　全球铜矿产量的地理分布

资料来源：美国地质勘探局 2010 年发布数据

铜矿产量分布	占比
智利	34%
秘鲁	8%
美国	8%
中国	7%
印度尼西亚	6%
澳大利亚	5%
俄罗斯	4%
赞比亚	4%
加拿大	3%
其他	21%
全球总产量	100%

如表所示，智利无疑是全球铜矿开采的领导者。智利国家铜业公司（Codelco）的铜矿开采市场份额居全球第一，但是这是由智利政府经营的属"私人"性质的公司，所以不在我们的讨论范围内。（但是，应该注意的是这家智利国家铜业公司发行了公司债券，收益较低，风险也较低）。剩下的铜矿开采较为分散，所以重大供给冲击事件带来的投资机会主要集中在智利。即便在智利境内，铜矿也分散在智利整个狭长的地带中——如果美国国土算得上宽广的话，智利国土就只能说狭长了。但是，整个智利都是沿海地区，意味着极容易遭受极端天气的威胁。即使智利只有一小部分地区遭受严重的洪灾（或其他如地震之类的灾害），都意味着强烈的供给冲击。

我们接下来要确定铜的几大生产商及其地理位置，还有铜占各自公司总收入的百分比，如表 4-9 所示。这些公司的股票代码见表 4-10。

表 4-9　铜的主要生产商

资料来源：公开资料

	弗里波特	必和必拓	斯特拉塔	英美资源	力拓矿业	南方铜业
铜收入占比	80%	13%	40%	39%	14%	70%
铜矿地理分布						
智利	×	×	×	×	×	
秘鲁		×	×	×	×	×
美国	×				×	
印度尼西亚	×				×	
澳大利亚			×		×	
其他			×		×	×

表 4-10　铜生产商的股票代码

资料来源：公开资料

铜矿公司	股票代码
弗里波特（Freeport）	FCX
必和必拓（BHP）	BHP Au
斯特拉塔（Xstrata）	XTA Ln
英美资源（Anglo）	AAL Ln
力拓矿业（Rio Tinto）	RIO Ln
南方铜业（Southern Copper）	SCCO

如表所示，铜收入占比最高的公司是弗里波特·麦克莫兰铜金公司（Freeport McMoRan）和南方铜业（Southern Copper），均超过了70%。斯特拉塔和英美资源是铜收入占比低一个等级的公司，铜约占公司的总收入的一半。从供给冲击分析的角度说，铜是一种有趣的商品，因为几乎所有参与者都有一部分铜矿开采作业是在智利进行。所以，当智利的铜矿开采遭到极端天气破坏时，几乎所有的生产商都会受损。不过南方铜业是最大

的赢家，因为他的铜矿开采是在秘鲁。同样的，如果是秘鲁的铜矿遭受极端天气事件，最大的输家也会是南方铜业。所以，几乎所有的生产商都将触手伸向了最大的铜矿出产地——智利，从期货市场角度说，这是极为有利的情况。因为，当整个智利沿海地区淹没在水中时（更可能遭遇地震，因为这一地区历来比较干旱），会沉重地打击铜的股票市场和债券市场，但是铜的期货价格会飙升。不过，矿区地理分布较散的铜生产商也会部分受益。

表4-11总结了全世界各个铜矿主产区遭遇洪灾时我们可以采取的行动计划。

表4-11 针对铜矿的行动计划表

资料来源：公开资料

	洪水发生地：智利	洪水发生地：秘鲁
最大赢家（排名）	铜期货市场	铜期货市场
	南方铜业（70%）	弗里波特·麦克莫兰（80%）
	弗里波特·麦克莫兰（80%）	
最大输家（排名）	英美资源（39%）	南方铜业（70%）
	斯特拉塔（40%）	英美资源（39%）
	力拓矿业（14%）	斯特拉塔（40%）
	必和必拓（13%）	必和必拓（13%）
		力拓矿业（14%）

白银

与之前讨论的其他金属矿类似，我们不只要找出全世界最集中的几个白银产地，还要找到公开发行了股票的白银主要生产商。表4-12显示了全球白银产量的地理分布情况。如表所示，墨西哥、秘鲁和中国是白银的主要生产地，全世界近一半的产量来自于这三个国家。

表 4-12　全球白银产量的地理分布

资料来源：美国地质勘探局 2010 年发布数据

全球白银产量分布	占比
墨西哥	17%
秘鲁	16%
中国	13%
澳大利亚	8%
智利	6%
玻利维亚	6%
美国	5%
波兰	5%
俄罗斯	5%
其他	19%
全球总量	100%

因此，当提到极端天气事件，比如矿区遭遇洪水，这几个国家就是我们主要的关注地。之前多次说过，商品主要产地遭遇供给冲击都会导致商品价格上涨。不管供给冲击是矿区洪水、地震还是政治因素驱动，都会导致这样的结果。为了便于讨论，我们还是会讨论这几个主产地遭遇洪水袭击的情况。现在，我们已经知道这几个主产地的位置，我们要确定白银的主要生产商的地理位置以及白银占各公司总收入的百分比，见表 4-13。这些公司的股票代码如表 4-14 所示。

表 4-13　白银生产商

资料来源：公开资料

白银生产商	白银销售占比	墨西哥	秘鲁	澳大利亚	玻利维亚	美国	波兰
必和必拓	3%			×			
弗雷斯尼洛	53%	×					
波兰铜业	13%						×
泛美白银	50%		×				
科达伦	69%	×			×	×	
第一帝银	100%	×					
南方铜业	6%	×	×				
赫克拉矿业	51%	×				×	

表 4-14　白银生产商的股票代码

资料来源：公开资料

白银生产商	股票代码
必和必拓（BHP）	BHP Au
弗雷斯尼洛（Fresnillo PLC）	FNLPK
第一帝银（First Majestic）	AG
波兰铜业（KGHM）	KGHPF
泛美白银（Pan American）	PAA Cn
赫克拉矿业（Hecla Mining）	HL
南方铜业（Southern Copper）	SCCO
科达伦（Coeur d'Alene Mine）	CDM Cn

现在，我们知道了哪些公司的白银业务集中在墨西哥和秘鲁这两个白银主产地，就可以采取相应行动了。我们针对极端天气事件破坏白银市场供给的行动计划总结在表 4-15 中。

表4-15 针对白银的行动计划表

资料来源：公开资料

	洪水发生地:墨西哥	洪水发生地:秘鲁	洪水发生地:中国
最大赢家(排名)	泛美白银(50%)	第一帝银(100%)	第一帝银(100%)
	波兰铜业(13%)	科达伦(69%)	科达伦(69%)
	必和必拓(3%)	弗雷斯尼洛(53%)	弗雷斯尼洛(53%)
		赫克拉矿业(51%)	赫克拉矿业(51%)
		波兰铜业(13%)	泛美白银(50%)
		必和必拓(3%)	波兰铜业(13%)
			南方铜业(6%)
最大输家(排名)	第一帝银(100%)	泛美白银(50%)	中国当地白银生产商
	科达伦(69%)	南方铜业(6%)	
	弗雷斯尼洛(53%)		
	赫克拉矿业(51%)		
	南方铜业(6%)		

铝

之前"商品现状"部分讲过，全球对金属铝的需求在快速增长，但是中国产量过剩的风险将这个商品推入了"中性"商品类。不过，仍然有一些基于极端天气的投资机会。

铝是从铝土矿中提炼出来的，铝土矿是生产金属铝的关键原材料。我这里有好消息，也有坏消息。好消息是铝土矿满足了我们"极端天气"投资的条件，因为铝土矿高度集中在全世界少数几个区域，表4-16显示了全球铝土矿的产量分布情况。

表 4-16　全球铝矿产量分布

资料来源：美国地质勘探局 2010 年发布数据

全球铝矿产量分布	占比
澳大利亚	34%
中国	19%
巴西	15%
印度	9%
几内亚	8%
牙买加	4%
哈萨克斯坦	3%
俄罗斯	2%
其他	2%
苏里南	1%
委内瑞拉	1%
希腊	1%
圭亚那	1%
总量	100%

坏消息是铝土矿并不在期货市场交易。所以，在澳大利亚、中国或巴西等主要铝土矿生产地遭遇全球气候冲击事件时，期货市场不会提供直接的投资机会。但是，我们也有其他的"直接"投资方式。当全球气候事件导致铝土矿供给短缺时，铝土矿的价格会上涨，而下游的金属铝的价格也会因为成本上涨而上涨。所以，我们可以通过期货市场的金属铝合约来"直接"利用这种投资机会（见第 13 章了解如何投资期货市场）。但是，铝土矿只有这种间接的投资机会未尝不是一件好事。因为下游产品金属铝

的价格上涨会相对滞后,这会给我们投资者多一点反应时间。换句话说,当铝土矿产地遭遇极端天气事件导致铝土矿价格上涨时,就是买入金属铝期货合约的最佳时机,因为金属铝的价格不会像铝土矿的价格那样上涨迅速。可以说,铝土矿价格是期货市场金属铝价格的先行指标。

股票市场的投资机会如何呢?金属铝在股票市场的"极端天气"投资机会更复杂,更具有挑战性。相比之下,参与期货市场的好处是当金属价格上涨时,我们就赢了。但是,如果是股票市场,那些金属铝的生产商,尤其是不自己开采铝土矿的金属铝生产商,就会看到他们的关键原材料投入因铝土矿价格上涨而增加。所以,金属铝生产商在金属铝价格上涨时获得的收益,会因为原材料(铝土矿)成本上涨而被抹杀。因此,铝土矿价格上涨为股票市场带来的投资机会没有多大的吸引力。

那么公司债券市场如何呢?之前讨论过,大部分大宗商品生产公司不仅会在股票市场提供投资机会,还会在公司债券市场提供机会。公司利润提高时,股票和债券市场的反应都会是积极正面的,当公司原材料(比如铝土矿)价格上涨导致公司利润下降时,股票和债券市场的反应都会是消极负面的。由于债券市场与股票市场有着这种相关性,所以当铝土矿价格上涨时,债券市场的投资机会也没有什么利益可图。

镍

尽管属于"中性"商品类,但镍仍然可以提供一些基于极端天气的投资机会。由于镍的生产集中在全球少数几个区域,所以满足了"极端天气"投资的一项关键条件。全球镍的产量分布情况如表4-17所示。

表 4-17　全球镍的产量分布情况

资料来源：美国地质勘探局 2010 年发布数据

全球镍的产量分布	占比
俄罗斯	17%
印度尼西亚	15%
菲律宾	10%
加拿大	10%
澳大利亚	9%
新喀里多尼亚	9%
中国	5%
古巴	5%
哥伦比亚	5%
巴西	4%
南非	3%
博茨瓦纳	2%
其他	6%
总量	100%

如表 4-17 所示，全球主要的镍生产地是俄罗斯、印度尼西亚、菲律宾和加拿大。当这些镍主产地遭遇极端天气事件时，镍的价格就会上涨。参与镍的这种"极端天气"投资的最直接方式就是进入期货市场，因为期货市场不关心是哪个镍出产地遭遇极端天气事件。只要这种极端天气事件发生在任何一个镍出产地，就可以通过期货市场从这种全球极端天气事件中获利。这就是期货市场的最大魅力所在。但是，由于镍并不归于"交好运"商品类，而是归于"中性"商品类，所以比起炼焦煤、铁矿和铜这类"交好运"商品，镍在期货市场的上涨潜力要低一等级。

在股票市场，极端天气事件发生在哪里就非常关键了，因为这决定了谁是赢家谁是输家。在寻找全球主要生产镍的上市公司时，必须大范围深入地去寻找。有5大镍生产商满足了这一要求，如表4-18所示。表中公司名字右边的数字是镍占这家公司总收入的百分比。这些公司的股票代码见表4-19。

表4-18 镍的主要生产商

资料来源：公开资料

镍的生产商	镍的收入占比
诺里尔斯克	43%
埃赫曼	27%
斯特拉塔	9%
淡水河谷	8%
必和必拓	4%

表4-19 镍生产商的股票代码

资料来源：公开资料

公司	股票代码
诺里尔斯克（Norilsk）	GMKN RU
埃赫曼（Eramet）	ERA FP
必和必拓（BHP）	BHP AU
斯特拉塔（Xstrata）	XTA LN
淡水河谷（Vale）	Vale3 BZ

诺里尔斯克公司（Norilsk）股票代码最后的两个字母 RU 代表的是俄罗斯（Russia）。埃赫曼镍业公司（Eramet）股票代码最后的两个字母 FP 代表的是法国（France）。必和必拓股票代码最后两个字母 AU 代表的

是澳大利亚（Australia）。淡水河谷（Vale）股票代码最后两个字母 BZ 代表的是巴西（Brazil）。斯特拉塔（Xstrata）股票代码最后两个字母 LN 代表的是伦敦（London）。所以，也就是说，这些股票来自世界各地。为了更详细说明，每个生产商的镍矿资产都列在了表 4-20 中。它们的位置有助于我们在世界各个镍主产区遭遇全球气候冲击时，确定谁是赢家谁是输家。

表 4-20 镍的生产商

资料来源：公开资料

	诺里尔斯克	埃赫曼	必和必拓	斯塔拉塔	淡水河谷
镍的收入占比	43%	27%	4%	9%	8%
镍矿资产位置					
俄罗斯	×				
南非	×				
澳大利亚			×	×	
哥伦比亚			×		
新喀里多尼亚		×		×	
挪威				×	
加拿大				×	×
多米尼加共和国				×	
巴西				×	
印度尼西亚					×

现在，我们已经知道了镍的主要生产商和主要生产地，就可以很容易在全球气候冲击事件中制定针对镍的行动计划。全球镍市场的行动计划显示在表 4-21 中。

第4章 全球气候冲击二：矿区洪水

表4-21 针对镍的行动计划

资料来源：公开资料

	洪水发生地：俄罗斯	洪水发生地：印度尼西亚	洪水发生地：加拿大
最大赢家（排名）	镍期货市场	镍期货市场	镍期货市场
	埃赫曼（27%）	诺里尔斯克（43%）	诺里尔斯克（43%）
	斯塔拉塔（9%）	埃赫曼（27%）	埃赫曼（27%）
	淡水河谷（8%）	斯塔拉塔（9%）	必和必拓（4%）
	必和必拓（4%）	必和必拓（4%）	
最大输家（排名）	诺里尔斯克（43%）	淡水河谷（8%）	淡水河谷（8%）
			斯塔拉塔（9%）

全球最大的赢家和最大的输家都列在了表中。注意，不管全球气候事件发生在哪个镍主产区，期货市场都是赢家。因为我们之前讲过，期货市场不关心哪个地区遭遇了全球气候冲击，全世界任何一个镍主产区遭遇全球气候冲击，期货市场都很喜欢。还要注意到，虽然表格（包括整本书）的焦点都放在极端天气事件上，但是这些表格也同样适用于其他类似的供给冲击事件，比如罢工、地震、基于政治因素的供给破坏，以及其他可以导致供给冲击的事件。

铂金

铂金是我最喜爱的"极端天气"投资品种。它有着"极端天气"投资者追寻的所有关键特征，这些特征如下：

全球对铂金的需求非常强劲。不仅是新兴市场地区对铂金的需求在不断增长，全世界发达地区对铂金的需求也在不断增长。

铂金的供给高度集中。这一特点非常非常重要。我们马上就会看到，全球铂金的生产只集中在很少很少几个国家手里。

不仅全球绝大部分铂金集中在少数几个国家手中，而且这少数几个国家还有可能制造政治性的供给冲击。引发供给冲击的具体原因是什么并不十分重要。虽然本书的焦点在于极端天气带来的投资机会，但是如果供给冲击是由政治因素引发的，受影响的商品的价格仍然会上涨。商品可没有偏见。（见第8章的"极端天气"投资规则的简单列表。）

现在，让我们进一步了解铂金的供给状况。表4-22显示了全球铂金产量的分布情况。

表4-22 全球铂金的产量分布

资料来源：美国地质勘探局2010年发布数据

全球铂金的产量分布	占比
南非	76%
俄罗斯	13%
津巴布韦	5%
加拿大	3%
美国	2%
其他	1%
总量	100%

如表所示，南非占了全球铂金总产量的76%。这是一个多么惊人的数字！与铂金的地理分布集中程度相比，其他大部分商品都会黯然失色。想要理解这个数字是个什么概念，我们可以拿其他商品做个比较。玉米和可可都是地理分布高度集中的商品。玉米的全球总产量中有41%来自美国的玉米种植带，可可的全球总产量中有近40%来自于西北非的科特迪瓦。从

"极端天气"投资者的角度说,这两种商品都是重点关注对象,因为它们的地理分布高度集中。但是,这两种商品的集中程度与铂金比起来,就是小巫见大巫了。铂金的全球总产量中76%来自于南非,这几乎是玉米或可可集中程度的两倍了,因此,铂金故事的精彩程度无"人"能及。

现在,让我们看看生产铂金的上市公司有哪些。表4-23列出了每个上市公司的名字以及铂金占每个公司总收入的百分比。

表4-23 铂金生产商

资料来源:公开资料

公司	铂金的收入占比
英美铂金	64%
庄信万丰	74%(来自贵金属)
因帕拉铂金	77%
隆明矿业	68%
斯蒂尔沃特矿业	47%
诺瑟姆铂金	100%
津巴布韦铂业	58%
皇家巴弗肯铂金	100%
阿奎里厄斯铂业	85%
诺里尔斯克	10%

如表4-23所示,有很多上市公司在从事铂金开采。另外,铂金占这些公司总收入的百分比也高得令人欣喜。我之所以说"欣喜",是因为作为一名"极端天气"投资者,我们喜欢上市公司的业务如此单一集中——后面会讲到,这有助于进一步突显最大输家或最大赢家的地位(取决于全球气候冲击发生在何地)。为了便于参考,表4-24列出了每家上市公司的股票代码。

表 4-24 铂金生产商的股票代码

资料来源：公开资料

公司	股票代码
英美铂金（Anglo American Platinum）	AMS SJ
因帕拉铂金（Impala Platinum）	IMP SJ
庄信万丰（Johnson Matthey）	JMAT LN
隆明矿业（Lonmin PLC）	LMI SJ
斯蒂尔沃特矿业（Stillwater Mining）	SWC
诺瑟姆铂金（Northam Platinum）	NHM SJ
津巴布韦铂业（Zimplats Holding）	ZIM AU
皇家巴弗肯铂金（Royal Bafokeng Platinum）	RBP SJ
阿奎里厄斯铂业（Aquarius Platinum）	AQP AU
诺里尔斯克（Norilsk）	GMKN RU

注意这些股票代码的最后两个字母，我们之前已经多次看到，这两个字母代表公司所在的国家。通过这张表可以知道，铂金的这些上市公司没有一家在美国。请记住，我们着眼的是全球气候冲击，所以，虽然我们大多数时候可以通过美国的存托凭证（ADR）获利，但我们仍然要为全球的投资机会做好准备，即使这意味着我们要投资国外的公司。

现在，让我们进一步了解各个公司的情况，找出各个公司的铂矿所在地。表 4-25 将有助于我们确定在某一铂金生产地遭遇全球气候事件时，谁会成为最大赢家，谁会成为最大输家。

表 4-25　铂金生产商

资料来源：公开资料

公司	铂金销售额占比	南非	俄罗斯	美国蒙大拿州
英美铂金	64%	×		
因帕拉铂金	77%	×		
隆明矿业	68%	×		
斯蒂尔沃特矿业	47%			×
诺瑟姆铂金	100%	×		
津巴布韦铂业	58%	×		
皇家巴弗肯铂金	100%	×		
诺里尔斯克	10%	×	×	
阿奎里厄斯铂业	85%	×		
庄信万丰*	74%			

＊下游生产商

现在，有了这张表在手，就很容易判断谁会成为全球气候冲击的赢家，谁会成为全球气候冲击的输家——取决于全球气候冲击发生在哪里。举例永远有助于问题的阐释。现在我们就举个例子。假如南非地区遭遇全球气候事件（特别是南非的布什维尔德杂岩体——世界最大的铂矿床），严重阻碍了这一地区的铂金生产，会怎样呢？你可以试着分析一下。看看这张表，看谁会在这种情况下获利。斯蒂尔沃特矿业（Stillwater Mining）会是最大的赢家。很好，我想你应该答对了。这张表上还有一个有趣的地方。庄信万丰（Johnson Matthey）虽然自身没有开采铂矿，但是这家公司的总收入中有74%来自于铂金这一贵金属。另外，在过去十年，这家公司的股票价格随着铂金价格大幅上涨。鉴于庄信万丰在全球铂金市场的强大地位，我们将它列入了后面的"行动计划"表格中（表4-26）。还要注意，庄信万丰没有归入任何一个"最大输家"栏中，因为不管全球气候冲击发生在何地，它都可以从铂金价格的上涨中获利。

表 4-26 针对铂金的行动计划

资料来源：公开资料

	洪水发生地： 南非	洪水发生地： 美国蒙大拿州	洪水发生地： 俄罗斯
最大赢家(排名)	铂金期货市场	铂金期货市场	铂金期货市场
	ETF	ETF	ETF
	庄信万丰(74%)	诺瑟姆铂金(100%)	诺瑟姆铂金(100%)
	斯蒂尔沃特矿业(47%)	皇家巴弗肯铂金(100%)	皇家巴弗肯铂金(100%)
		阿奎里厄斯铂业(85%)	阿奎里厄斯铂业(85%)
		因帕拉铂金(77%)	因帕拉铂金(77%)
		庄信万丰(74%)	庄信万丰(74%)
		隆明矿业(68%)	隆明矿业(68%)
		英美铂金(64%)	英美铂金(64%)
		津巴布韦铂业(58%)	津巴布韦铂业(58%)
最大输家(排名)	诺瑟姆铂金(100%)	斯蒂尔沃特矿业(47%)	诺里尔斯克(10%)
	皇家巴弗肯铂金(100%)		
	阿奎里厄斯铂业(85%)		
	因帕拉铂金(77%)		
	隆明矿业(68%)		
	英美铂金(64%)		
	津巴布韦铂业(58%)		

好了，现在让我们再做个假设。假设美国蒙大拿州的铂金矿区遭遇全球气候事件，铂金的生产被严重破坏，谁会是赢家谁会是输家呢？在这种情况下，斯蒂尔沃特矿业显然是最大的输家。赢家就是全世界其他所有的铂金生产者，包括南非的所有铂金生产者和俄罗斯的诺里尔斯克公司

(Norilsk)。实际上，我们可以将分析更深一步，根据全球气候事件的发生地以及铂金在各个公司总收入中的占比，将这些赢家和输家进行排名，就像表4-26这样。

这时候，你可能会想知道为什么"铂金期货"和铂金ETF的排名高于其他所有的上市公司。期货市场和ETF市场不会在意全球气候事件发生在什么地方。它们只关心铂金的价格。当你不需要操心股票市场上谁是赢家谁是输家，而只需要聚焦于极端天气事件和铂金的价格时，会轻松好多。

我们针对铂金的行动计划都列在表4-26中。掌握了这张表，当极端天气事件发生在表中列出的任一区域时，你就可以立即采取相应的行动。

钯金

之前已经介绍过，钯是铂族金属（PGMs）中的一员。所有的铂族金属，包括铂、钯、铑、钌和铱等，通常都蕴藏在于同一个矿床中。但是，不同的矿床，这几种金属的含量不同。铂族金属中的每一种金属都可以单独列出来讨论，但是都与钯金的情况差不多。不过，由于铂族矿中铂金的含量最大，并且铂金的生产商往往就是钯金的生产商，所以如果读者只想聚焦于铂金的投资机会，就可以跳过这一节内容。然而，由于钯金与铂金也有一些细微的差别，并且钯金拥有完全独立的期货合约和ETF，所以我们在这里还是要讨论一下钯金的情况。

让我们先从全球钯金供给一方的情况谈起。表4-27显示了全球钯金的产量排名情况。

表 4-27 全球钯金的产量分布

资料来源：美国地质勘探局 2010 年发布数据

全球钯金的产量分布	占比
俄罗斯	44%
南非	37%
美国蒙大拿州	6%
加拿大	5%
津巴布韦	3%
其他	5%
总量	100%

如表所示，钯金的主要产地与铂金的主要产地相同，只不过俄罗斯和南非的位置换了一下，俄罗斯成为了钯金的最大产地。由于钯金和铂金是共生产品，所以我们也能预料到钯金的出产地有哪些。

现在，让我们来看看全球钯金的主要生产商。表 4-28 列出了钯金的主要生产商，以及钯金占各个公司总收入的百分比。每家公司的股票代码列在表 4-29 中。

表 4-28 钯金主要生产商

资料来源：公开资料

上市公司	钯金的收入占比
英美铂金	11%
因帕拉铂金	13%
隆明矿业	9%
斯蒂尔沃特矿业	53%
诺瑟姆铂金	0%
津巴布韦铂业	13%
阿奎里厄斯铂业	15%
皇家巴弗肯铂金	0%
诺里尔斯克	9%

表4-29 钯金生产商的股票代码

资料来源：公开资料

上市公司	股票代码
英美铂金（Anglo American Platinum）	AMS SJ
因帕拉铂金（Impala Platinum）	IMP SJ
隆明矿业（Lonmin PLC）	LMI SJ
斯蒂尔沃特矿业（Stillwater Mining）	SWC
津巴布韦铂业（Zimplats Holdings）	ZIM AU
阿奎里厄斯铂业（Aquarius Platinum）	AQP AU
诺里尔斯克（Norilsk）	GMKN RU

可以从表4-28中看到，钯金占各个公司总收入的百分比要远低于铂金。这是正常的，因为铂金在铂族矿中的含量通常要高于钯金。不过也有例外，比如斯蒂尔沃特矿业公司（Stillwater Mining），它的钯金收入占比与铂金收入占比的比率就远远高于同业其他公司。如果我们再仔细研究每家公司的地理位置，如表4-30所示，可以发现唯一的区别是我们将诺瑟姆铂金公司（Northam Platinum）和皇家巴弗肯铂金公司（Royal Bafokeng）从表中剔除了，因为钯金的数量在这两家公司的产品中简直微不足道。

表4-30 钯金生产商

资料来源：公开资料

上市公司	钯金销售额占比	南非	俄罗斯	美国蒙大拿州
英美铂金	11%	×		
因帕拉铂金	13%	×		
隆明矿业	9%	×		
斯蒂尔沃特矿业	53%			×
津巴布韦铂业	13%	×		
阿奎里厄斯铂业	15%	×		
诺里尔斯克	9%	×	×	

采用和铂金相同的方法，我们可以获得钯金的投资机会排名——取决于全球气候事件发生在何地。这个排名表中也会包含钯金在期货市场和ETF市场的投资机会。注意，不管极端天气事件发生在什么地方，期货和ETF市场的排名都会高于股票市场。期货和ETF市场的优势在于它们只关心钯金的价格。所以，在全球气候冲击事件中，不管是哪个钯金主产区遭受影响，钯金的价格都会上涨，这就使得期货和ETF市场相对于股票市场更具吸引力。

我们针对钯金的行动计划列在表4-31中。有了这张表在手，当极端天气事件发生在表中列出的某一钯金主产地时，我们就已做好了在钯金市场采取相应行动的准备。

表4-31 针对钯金的行动计划

资料来源：公开资料

	洪水发生地：南非	洪水发生地：美国蒙大拿州	洪水发生地：俄罗斯
最大赢家(排名)	钯金期货市场	钯金期货市场	钯金期货市场
	ETF	ETF	ETF
	斯蒂尔沃特矿业(53%)	阿奎里厄斯铂业(15%)	斯蒂尔沃特矿业(53%)
		因帕拉铂金(13%)	阿奎里厄斯铂业(15%)
		津巴布韦铂业(13%)	因帕拉铂金(13%)
		英美铂金(11%)	津巴布韦铂业(13%)
		隆明矿业(9%)	英美铂金(11%)
最大输家(排名)	阿奎里厄斯铂业(15%)	斯蒂尔沃特矿业(53%)	诺里尔斯克(9%)
	因帕拉铂金(13%)		
	英美铂金(11%)		
	隆明矿业(9%)		

稀土

在前面的"商品现状"部分讲过,现在的稀土属于"交好运"商品类。另外,它们也满足了"极端天气"投资要求的地理分布集中这一条件。现在,让我们更深入了解稀土供给方面的情况。表 4-23 显示了全球稀土产量的分布情况。

表 4-23　全球稀土的产量分布

资料来源:美国地质勘探局 2010 年发布数据

全球稀土的产量分布	占比
中国	97.3%
印度	2.0%
巴西	0.4%
马来西亚	0.3%
总量	100%

如表所示,目前为止,中国是稀土矿开采的绝对主导。事实上,中国内蒙古的包头市,特别是包头市北部的白云鄂博稀土矿区被认为是全世界稀土的中心。如果这一地区遭遇极端天气事件,稀土的价格就会显著上升。

鉴于其接近绝对的垄断地位,中国最近决定大幅减少出口到其他国家和地区的稀土数量。虽然本书主要关注的是极端天气类型的供给冲击,但是,这也是一个大规模供给冲击的完美案例,只不过是由政治因素驱动的罢了。之前讲过,商品没有偏见。不管是由政治因素驱动的(像中国限制稀土出口一样),还是由全球气候冲击引发的,供给冲击就是供给冲击。这一点一定要记住,因为无论是哪一种原因,商品的价格都会上涨。

中国作为全世界稀土市场的绝对主导者，还会引发其他一些问题，比如中国的某些稀土生产商随意处理和排放稀土生产中的各种废物和放射性物质铀、钍，会严重污染环境，不过这是另一层面的问题了。这一节内容的重点是评估稀土的供求状况。市场规律是只要价格上涨，就会激发增加产量的兴趣。美国在停止稀土矿开采多年之后，于2010年开始致力于本土稀土矿的开采，以降低对中国稀土矿的依赖。所以，未来稀土的供给有可能显著上升。不过在短期到中期内（或许长期内，取决于美国和其他地区的稀土增产计划能否成功），稀土的供求格局还会保持不变。

所以，我们该如何把握这种机会呢？股票市场和ETF市场提供了一些机会。股票市场上，有很多上市公司在试图提高稀土的产量。不幸的是，这些公司中大部分公司目前还是零收益。当然，其他有些地方也可以进行项目融资和投资，但是风险比普通的股票投资高多了。不过，股票市场有一个例外，就是莫利矿业公司（Molycorp Inc.，股票代码MCP），它一直都在产生收益。事实上，在过去12个月，它的季度收益增长了约700%。这听起来很可怕，但实际上它最近一个季度的收益只有2500万美元——依然是个很小的数字。有趣的是，尽管这家公司刚开始的时候一直亏损，但它的股票价格在过去12个月增长了约350%。很显然，股票市场寄予了这家公司很高的期望，因为股票价格已经定格在非常光明的未来上。

莫利矿业公司的稀土矿山位于加利福利亚。所以，"极端天气"投资者需要关注的两大稀土生产地分别是中国内蒙古的包头市，特别是包头市北部的白云鄂博矿区，以及莫利矿业公司位于加利福尼亚州帕斯山（Mountain Pass）的稀土矿区，位置非常靠近内华达州的拉斯维加斯。因此，当全球气候事件发生在内蒙古的这一稀土矿区时，稀土的价格会上涨。这对ETF市场以及莫利矿业公司来说，都是天大的好消息，因为莫利矿业公司会是最后一个可以直接从稀土价格上涨中获利的公司。但是，如果是加利福尼亚的帕斯山遭遇极端天气事件,莫利矿业就会是最大的输家,因为它的开采规模如此小,ETF 市场和中国的稀土资源都不会受到什么影响。

将这些因素考虑在内,我们针对稀土的"极端天气"投资计划如表 4-33 所示。

表 4-33 针对稀土的行动计划

资料来源:公开资料

	洪水发生地: 内蒙古包头	洪水发生地: 加利福尼亚帕斯山
最大赢家(排名)	稀土 ETF	无
	莫利矿业	
最大输家(排名)	中国的稀土生产商	莫利矿业

钾矿石

之前在第 1 章讲过,钾矿石属于"交好运"商品类。现在,我们来了解一下全球钾矿石的主产地有哪些。表 4-34 显示了全球钾矿石的地理分布情况。

如表所示,钾矿石资源也有着"极端天气"投资所期望的地理分布高度集中的特点。钾矿石的主产地是加拿大,占有全球钾矿石总产量的 28%。随后是俄罗斯,占全球总产量的 20%,白俄罗斯占全球总产量的 15%。更具体一点,加拿大的钾矿石资源集中在萨斯喀彻温省,俄罗斯的钾矿石资源集中在彼尔姆边疆区的别列兹尼基市(Berezniki)。

表 4-34　全球钾矿石产量的分布情况

资料来源：美国地质勘探局 2010 年发布数据

全球钾矿石产量分布	占比
加拿大	29%
俄罗斯	20%
白俄罗斯	15%
中国	9%
德国	9%
以色列	6%
约旦	4%
美国	3%
智利	2%
巴西	1%
西班牙	1%
英国	1%
乌克兰	0%
总量	100%

现在，让我们看看全球钾矿石的主要生产商（上市公司）有哪些。我们也对他们的产品结构有兴趣。钾肥只是世界三大肥料之一。这三大肥料分别是钾肥、磷肥和氮肥。所有钾肥主要生产商的产品结构都显示在表 4-35 中。他们的股票代码列在表 4-36 中。

表 4-35　钾肥生产商

资料来源：公开资料

肥料	美盛	加拿大钾肥	加阳	乌拉尔钾肥	中化化肥
钾肥	31%	46%	25%	100%	25%
磷肥	69%	28%	22%	0%	22%
氮肥	0%	26%	53%	0%	34%
其他	0%	0%	0%	0%	19%

第4章 全球气候冲击二：矿区洪水

表 4-36 钾肥生产商的股票代码

资料来源：公开资料

上市公司	股票代码
美盛（Mosaic）	MOS
加拿大钾肥（Potash）	POT
加阳（Agrium）	AGI
中化化肥（Sinofert）	297 HK
乌拉尔钾肥（Uralkali）	URKA RM

如表所示，钾肥在各个公司的占比差异较大，其中乌拉尔钾肥公司（Uralkali）100%的收入都来自于钾肥，而中化化肥（中国最大的化肥生产商）只有24%的收入来自于钾肥。再进一步研究，我们会找到这些钾肥主要生产商的钾矿资源所在地，以及钾肥在各个公司的收入占比情况，如表4-37所示。

表 4-37 钾肥生产商

资料来源：公开资料

上市公司	钾肥收入占比	加拿大*	俄罗斯*	白俄罗斯	中国
美盛	31%	×			
加拿大钾肥	46%	×			
中化化肥	24%				×
加阳	25%	×			
乌拉尔钾肥	100%		×	×	

*具体一点的话，加拿大是在萨斯喀彻温省，俄罗斯是在彼尔姆边疆区。

有了表4-37，就很容易在表中任一钾肥主产区遭遇全球气候冲击时，预测谁是赢家谁是输家。例如，如果俄罗斯的彼尔姆边疆区遭遇极端天气事件时，乌拉尔钾肥公司就是最大的输家，而加拿大钾肥公司就是最大的赢家。

将所有可能性考虑在内，我们就可以得到表4-38，这是我们针对钾肥的"极端天气"投资计划（见第5章的"全球气候冲击三：农田干旱、洪水和霜冻"，那里我们还会从农田角度谈到钾肥的其他投资机会）。

表 4-38 针对钾肥的行动计划

资料来源：公开资料

	洪水发生地：加拿大*	洪水发生地：俄罗斯*	洪水发生地：白俄罗斯
最大赢家（排名）	乌拉尔钾肥（100%）	加拿大钾肥（46%）	加拿大钾肥（46%）
	中化化肥（24%）	美盛（31%）	美盛（31%）
		加阳（25%）	加阳（25%）
		中化化肥（24%）	中化化肥（24%）
最大输家（排名）	加拿大钾肥（46%）	乌拉尔钾肥（100%）	乌拉尔钾肥（100%）
	美盛（31%）		
	加阳（25%）		

*更具体一点，加拿大是在萨斯喀彻温省，俄罗斯是在彼尔姆边疆区。

矿业设备生产商

当面对矿业的全球气候冲击时，我们不仅对直接卷入极端天气事件的商品带来的投资机会感兴趣，还对那些不生产任何大宗商品的其他赢家感兴趣。那些矿业设备的生产商也是此类事件的赢家。全球主要矿业设备生产商（上市公司）的股票代码列在了表4-39中。

表 4-39 矿业设备生产商的股票代码

资料来源：公开资料

上市公司	股票代码
卡特彼勒（Caterpillar）	CAT
迪尔（Deere & Co.）	DE
比塞洛斯（Bucyrus）	BUCY
久益环球（Joy Global）	JOYG

了解这些公司的收入结构情况也很重要，因为这会确定这些公司的关键部门是哪些。每家公司的收入结构情况如表4-40所示。

表 4-40 矿业设备生产商

资料来源：2010年的公开数据

收入占比	卡特彼勒	迪尔	比塞洛斯	久益环球
农业	0%	78%	0%	0%
矿业	12%	0%	100%	100%
土方作业	15%	0%	0%	0%
其他	73%	22%	0%	0%
总量	100%	100%	100%	100%

从表中可以看到，就矿业的收入占比来说，比塞洛斯公司（Bucyrus）和久益环球（Joy Global）是绝对的赢家，他们公司100%的收入都来自于矿业。为了更详细地了解情况，我们可以将这个数据进一步分解为地下采矿和露天采矿，如表4-41所示。

表 4-41　单一矿业设备生产商

资料来源：公开资料

收入占比	比塞洛斯	久益环球
地下采矿	35%	53%
露天采矿	65%	42%
总量	100%	100%

如表所示，两家公司都在生产地下采矿和露天采矿的设备，但是两家公司100%的收入均来自于矿业这整个行业。

除了久益环球和比塞洛斯，卡特彼勒公司（Caterpillar）的总收入中也有约12%来自于矿业部门。最后是迪尔公司（Deere & Co.），它没有任何收入来自于矿业部门。但是，我们可以看到，迪尔公司的重点是农业，它的总收入中有78%来自于农业部门。所以，我们将迪尔公司留到第5章"全球气候冲击三：农田干旱、洪水和霜冻"来做讨论。

我们在本章已经讲过，矿业指的是整个大行业，其中涉及数十种商品。因此，很难将比塞洛斯或久益环球跟具体的极端天气事件联系起来。但是，众所周知，只要商品生产商过得灿烂，设备生产者也会跟着过得灿烂。

因为我们知道，这两大设备生产商的产品主要是用于煤炭的生产。将久益环球和比塞洛斯的股票价格与美国炼焦煤主要生产商皮博迪能源公司（股票代码BTU）的股票价格做个比较，可以发现久益环球与皮博迪能源的股票价格具有极高的相关性，如图4-1所示。

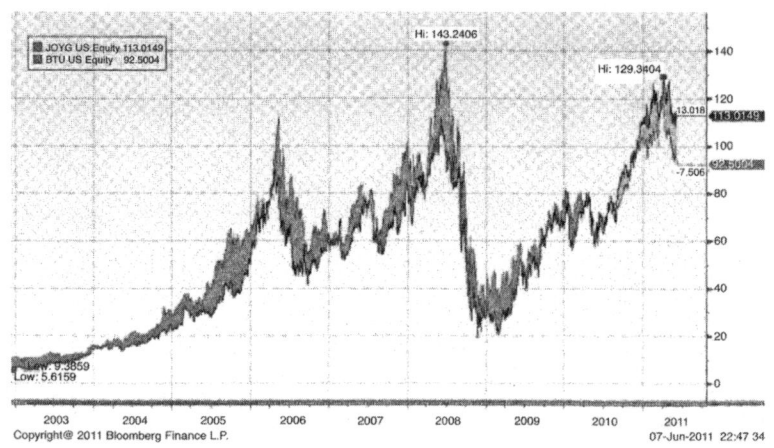

资料来源：经彭博通讯社许可使用

图4-1 2002年到2011年间，皮博迪能源（BTU）与久益环球（JOYG）的股票价格走势。

这两只股票在过去10年的价格走势相关性超过了90%。有趣的是，这两个设备生产商与全球矿业巨擘必和必拓的股票价格走势也有很高的相关性，而比塞洛斯和皮博迪之间的相关性也极高。但是，相关性最高的还是久益环球和皮博迪。

所以，面对矿业设备生产商，我们该如何利用这个信息呢？有两个要点：

由于设备生产商是间接受商品供给冲击的影响，所以相对设备生产商，供给冲击对应的商品生产商才是更好的投资选择。

现在，我们知道这两大设备生产商与煤炭业以及整个矿业都有着很高的相关性，所以我们也可以将设备生产商当作多样化投资的一个备选对象，因为设备生产商也可以受益于商品光明的前景。

第 5 章　全球气候冲击三：农田干旱、洪水和霜冻

是的，即使是农民也可以从全球气候变化中获利——只要他自己的农田没有遭遇干旱或洪水！如果其他地区的农田遭遇大规模干旱或洪水，我们就会看到典型的供给冲击，农产品的价格就会大幅上涨。当然，干旱/洪涝灾害波及的区域越广，持续的时间越长，商品价格上涨就越剧烈。

不管农民种植的是玉米、大豆、小麦、棉花、咖啡、可可还是其他任何农作物，每亩土地要获得最高产量，必须达到最佳的水分要求。任何极端天气，不管是干旱还是洪水，都会严重限制农作物的产量，成为可以引发农产品价格上涨的供给冲击。小部分区域的干旱可以通过人工灌溉来降低影响，但如果是大范围的极端干旱天气，对当地农作物就是致命打击。

现在来分析全球的农产品状况。当玉米、大豆、小麦或其他任何农产品的价格上涨时，显然农民会获利。我们无法直接获利，除非我们也拥有农田。所以，从投资者的角度说，我们需要通过一些创造性的手段才能利用这种上涨行情获利。目前，这种上涨行情往往是由全球气候变化引发的供给冲击导致的，而未来这种情况可能会更频繁。幸运的是，这也提供了很多机会。最直接的方式就是期货市场，因为农田主要掌握

在农民手中，所以股票和债券市场上的选择极为有限。期货投资就是直接在商品的价格上下赌注。我们不需要过多关心是哪里遭遇供给冲击或者什么原因导致了供给冲击，但我们仍然可以获利。所以，从这个角度来说，期货投资要简单得多。比如，我们最近看到俄罗斯经历了半个多世纪以来最严重的干旱，澳大利亚遭遇严重洪水，加拿大遭大暴雨袭击，欧洲严重干旱，所有这些都推高了农产品的价格。本章后面部分会讲到，强劲的供求前景加上频繁发生的供给冲击（会越来越频繁），对一些主要农产品的价格有着积极的推动作用。这些主要农产品包括玉米、大豆、小麦、棉花、咖啡、可可等。有趣的是，如果我们深入探寻全球每一种农产品的主产地，就可以根据全球遭遇严重干旱或洪水的区域，将这些农产品做个投资吸引力排名。首先，我们要谈谈每一种主要农产品的产量分布情况，然后将所有期货市场按吸引力程度进行排名，并制作一个行动计划表格。

现在就从糖开始吧。

糖

第1章讨论过，全球对糖的需求在不断增长，而糖的供给极容易受到变幻无常的天气影响。最重要的是，糖满足了地理分布高度集中的关键投资条件，这意味着少部分地区控制了全世界大部分糖的生产。这是一项关键条件，因为当这些主产地区遭遇大范围严重干旱时（举个例子），就意味着全球的供给冲击。糖供给的突然减少，使糖在面临旺盛的需求时，只能涨价。全球原糖的产量分布情况如表5-1所示。

表 5-1 全球原糖的产量分布

资料来源：美国农业部 2010 年发布数据

原糖产量分布	百万吨	占比
巴西(中南部地区)	39.4	24%
印度	25.7	16%
欧盟 27 成员国	14.8	9%
中国	12.7	8%
美国	7.6	5%
泰国	6.9	4%
墨西哥	5.5	3
澳大利亚	4.8	3
巴基斯坦	3.3	2%
俄罗斯	2.9	2%
土耳其	2.4	1%
阿根廷	2.3	1%
哥伦比亚	2.2	1%
南非	2.1	1%
乌克兰	2.0	1%
埃及	1.8	1%
加拿大	0.1	0%
其他	25.5	16%
全球总量	162	100%

从表 5-1 中可以看到，巴西（特别是巴西的中南部地区）和印度是世界原糖的重要产地。有意思的是，列表中每个国家的原糖生产也高度集中在国内少部分地区。比如，中国约有 65% 的糖产自广西，如果再加上云南、广东、海南和新疆的产量，将达到中国总产量的 95%。

通过这个表上的数据可以知道，如果巴西或印度经历大面积的干旱或洪涝灾害，就意味着糖市场的严重供给冲击，期货市场上的糖价格就会上涨。(见第9章"两边下注",看看如何同时打赌糖的价格会上涨以及糖价格上涨会挫伤糖购买者的股票价格,比如巧克力和软饮料的生产商)。

在我们讨论完每种主要农产品的产量分布情况后,还会对它们进行总结。

咖啡

与其他所有大宗商品类似,咖啡的需求也在上升,这在第1章时已经讲过。从产量分布来说,咖啡是一种特别具有吸引力的商品,因为它也满足了"极端天气"投资的关键条件。具体点说,就是地理分布高度集中。全球咖啡豆的产量分布情况如表5-2所示。

表5-2 全球咖啡豆的产量分布

资料来源:美国农业部2010年发布数据

咖啡豆的产量分布	百万袋(每袋60公斤)	占比
巴西	55	39%
越南	19	13%
哥伦比亚	9	6%
印度尼西亚	9	6%
印度	5	4%
墨西哥	5	3%
埃塞俄比亚	4	3%
危地马拉	4	3%
秘鲁	4	3%
洪都拉斯	4	3%
其他	22	17%
全球总量	139	100%

如表 5-2 所示,说到咖啡豆的产量,巴西再次居于榜首。咖啡豆的其他重要产地还有越南、哥伦比亚和印度尼西亚。如果其中任何一个地区经历严重的干旱或洪水极端天气,期货市场上的咖啡价格就会上涨。

在我们将每个农产品分别讨论完之后,会将咖啡与其他所有农产品列在一起做个比较。

棉花

棉花是另一种值得关注的农产品。不只是因为棉花的需求旺盛,还因为棉花的供给状况满足了"极端天气"投资所需的产量分布集中的条件。全球棉花的产量分布情况显示在了表 5-3 中。

表 5-3　全球棉花的产量分布

资料来源:美国农业局 2010 年发布数据

棉花	百万捆(每捆 480 磅)	占比
中国	33	29%
印度	25	22%
美国	17	15%
巴基斯坦	11	9%
巴西	7	6%
其他	22	19%
全球总量	114	100%

全球棉花的主产地是中国、印度、美国、巴基斯坦和巴西。这些棉花

主产地中任何一个遭遇严重的干旱或洪水，都会推高棉花的价格。有意思的是，棉花市场还有其他的供给冲击效应。如表所示，印度是一个棉花生产大国，当印度决定颁布棉花出口禁令时，也会产生和极端天气相同的供给冲击效应。这是真的！原来从印度进口棉花的国家因为这个禁令无法再从印度进口时，就会担心而愿意支付更高的价格获得所需的棉花。政府颁布这类出口禁令并不少见，通常是因为要优先满足本国需求，以确保本国人民的需求得到满足。政府也会因为其他一些政治因素而颁布此类禁令，但是不管原因是什么，都会对商品产生与极端天气类似的积极的、有利的作用。无论你如何分析，在这种严重的供给冲击情况下，我们都可以通过期货市场获利。

可可

与其他商品类似，全球对可可的需求也在增长。你已经从第1章了解到，可可的终端市场需求主要驱动者是巧克力，而每个人都知道全球对巧克力的需求非常旺盛。

此外，可可供给方面的状况也非常有利，因为它也满足了"极端天气"投资所需的地理分布集中的条件。但是，由于可可的地理分布集中程度高于一般水平，所以，可可称得上是"极端天气"投资品中的佼佼者。表5-4显示了全球可可产量的分布情况。

如表所示，全球可可的主产地是科特迪瓦（象牙海岸，非洲西北部海岸一片相对较小的区域）、加纳和印度尼西亚。次一级的可可主产地是喀麦隆、尼日利亚和巴西。科特迪瓦发生任何极端天气事件，都会造成显著的供给冲击影响，进而对可可豆的价格施加上行压力。可可豆这一农产品特别值得"极端天气"投资者关注，因为可可豆的种植区域高度集中，非常容易受到极端天气类型的供给冲击的影响。可可豆集中在这一区域,还会产生另一种供给冲击——政治性的供给冲击。见第8章"现实案例:交易机会和择时",看最近可可豆的价格是如何对现实世界的供给冲击作出反应的。

表 5-4　全球可可豆产量的分布情况

资料来源:美国农业部 2010 年发布数据

可可豆的产量分布	占比
科特迪瓦	37%
加纳	21%
印度尼西亚	13%
喀麦隆	5%
尼日利亚	5%
巴西	5%
厄瓜多尔	3%
多米尼加共和国	1%
其他	10%
全球总量	100%

玉米

全球对玉米的需求在不断上升(见第1章),玉米的供给却是有限的。之前讨论过,玉米的供求"故事"非常精彩。探究玉米的状况,我们可以看到玉米满足了我们"极端天气"投资所需的地理分布集中的要求。与可可豆类似,玉米的地理分布集中程度也高于一般商品的水平,所以玉米也称得上是"极端天气"投资品中的佼佼者。全球玉米产量的分布情况见表5-5。

表 5-5　全球玉米的产量分布

资料来源：美国农业部 2010 年发布数据

玉米产量分布	占比
美国	41%
中国	19%
欧盟 27 成员国	7%
巴西	7%
阿根廷	3%
墨西哥	3%
印度	2%
南非	2%
乌克兰	1%
加拿大	1%
其他	14%
全球总量	100%

如表所示，目前玉米的最大产地是美国的玉米种植带。其他主产地是中国和巴西。欧盟 27 成员国的数据是欧盟 27 个成员国的玉米总产量占比，因此，实际地理集中程度低于我们看到的情况，但是这也没有关系，因为玉米有很大一部分集中在美国。

在我们讨论完每一种商品后，还会将玉米与其他农产品列在一起做个比较。

大豆

之前讲过，大豆也属于"交好运"商品类。全球大豆的需求状况非常稳健，而供给状况就像玉米一样，也有着地理分布高度集中的特点。全球大豆的产量分布情况见表5-6。

表5-6 全球大豆的产量分布

资料来源：美国农业部2010年发布数据

大豆产量分布	占比
美国	37%
巴西	25%
阿根廷	19%
中国	7%
印度	4%
其他	8%
全球总量	100%

如表所示，当美国的大豆种植带、巴西或阿根廷遭遇大范围的干旱或洪水时，大豆市场就会遭遇严重的供给冲击。

在本章的后面部分，在我们讨论完每一种农产品之后，我们还会看到大豆与其他农产品的对比情况。

小麦

正如前文所述，小麦的供求状况对小麦十分有利，但它的地理分布集中程度只属于中等水平。虽然从"极端天气"投资的角度说，这种中等水平的地理分布集中程度使得小麦的吸引力低于玉米和大豆，但是仍然能提供一些不错的投资机会。全球小麦的产量分布情况见表5-7。

表 5-7 全球小麦的产量分布情况

资料来源：美国农业部 2010 年发布数据

小麦产量分布	公吨（百万）	占比
中国	112	16%
印度	79	11%
美国	68	10%
俄罗斯	64	9%
法国	39	6%
加拿大	29	4%
德国	26	4%
乌克兰	26	4%
澳大利亚	21	3%
巴基斯坦	21	3%
其他	205	30%
全球总量	690	100%

如表所示，虽然小麦不像玉米和大豆那样吸引投资者的关注，但是小麦的地理分布集中程度也达到了一定的水平，所以，当任何小麦主产地，比如中国、印度、美国或俄罗斯遭遇严重干旱或洪水事件时，也意味着小麦的供给冲击，小麦的价格会因此上涨。事实上，就在 2010 年，俄罗斯遭遇了 50 多年来的最大干旱。我们会在第 8 章讨论这次干旱以及这次干旱对小麦价格的影响。

橙子

就全球不断增长的需求和地理分布集中程度而言，橙子是一种绝妙的商品。可以参见第 1 章对橙子供求状况的讨论。探究全球橙子的产量分布情况，可以得到表 5-8。

表 5-8　全球橙子的产量分布情况

资料来源：美国农业部 2010 年发布数据

橙子产量分布	占比
巴西（主要是圣保罗）	27%
美国（佛罗里达 80%，加利福尼亚 20%）	13%
墨西哥	6%
印度	6%
中国	5%
西班牙	5%
意大利	4%
其他	34%
全球总量	100%

如表所示，巴西和美国几乎占了全球橙子总产量的一半。从我们"极端天气"投资者的角度来看，这是非常有利的状况。更有利的是，美国的橙子集中在佛罗里达和加利福尼亚两个州，前者占美国橙子总产量的 80%，后者占美国橙子总产量的 20%。在巴西，大部分的橙子集中在圣保罗。这意味着当佛罗里达遭遇干旱、洪水或者偶尔出现的霜冻天气（橙子树讨厌霜冻），橙汁的价格就会上涨。其实，全球气候冲击发生在任一橙子主产地，包括佛罗里达、加利福尼亚和圣保罗，都会导致橙汁的价格上涨。

我们会在下一节内容看到橙子与其他农产品的对比情况。

所有农产品的对比

现在，我们等待的时刻到了。我们刚刚分析的 8 种农产品中，到底哪一种最值得我们投资呢？如果这个投资是基于全球气候冲击的投资，那么这个问题的答案就取决于遭遇干旱、洪水或霜冻的是世界哪一区域。让我们将这 8 种农产品的情况总结在一个表格中，看看它们各自的地理分布集中程度（见表 5-9）。

表 5-9 全球主要农产品的产量分布情况

资料来源：美国农业部 2010 年发布数据

国家	糖	咖啡	可可	橙子	小麦	大豆	玉米	棉花
阿根廷	1%					19%	3%	
澳大利亚	3%				3%			
巴西	24%	39%	5%	27%		25%	7%	6%
加拿大	0%				4%		1%	
中国	8%			5%	16%	7%	19%	29%
哥伦比亚	1%	6%						
埃及	1%							
欧盟27国	9%						7%	
印度	16%	4%		6%	11%	4%	2%	22%
墨西哥	3%			6%			3%	
其他	16%					8%	14%	19%
巴基斯坦	2%							9%
俄罗斯	2%				9%			
南非	1%						2%	
泰国	4%							
土耳其	1%							
乌克兰	1%						1%	
美国	5%			13%	10%	37%	41%	15%
埃塞俄比亚		3%						
危地马拉		3%						
洪都拉斯		3%						
印度尼西亚		6%	13%					
墨西哥		3%						

秘鲁		3%						
越南		13%						
喀麦隆			5%					
科特迪瓦			37%					
多米尼加			1%					
厄瓜多尔			3%					
加纳			21%					
尼日利亚			5%					
法国					6%			
德国					4%			
巴基斯坦					3%			
乌克兰					4%			
意大利				4%				
西班牙				5%				
其他		16%	10%	33%	30%			
总量	100%	100%	100%	100%	100%	100%	100%	100%

在看这个表时，我们真正感兴趣的是那些较大的数字。我们要寻找可以主导市场走势的主产地。我们会将这些全球农产品的主产地称为"A队"，"A队"由10个地区构成，见表5-10。

表5-10　全球农产品"A队"

资料来源：美国农业部2010年发布数据

全球农产品"A队"
巴西
阿根廷
中国
印度
俄罗斯

美国
印度尼西亚
越南
科特迪瓦
加纳

当这几个地区中任何一个地区（说具体一点是之前讨论的每一个地区中的具体种植区域）遭遇严重的干旱、洪水或霜冻（霜冻主要影响橙子）这样的全球气候冲击时，农产品的价格就会上涨——但是具体是哪种农产品呢？后面的表格列出了每一个世界"A 队"地区的主要农产品。这些表格不仅列出了主要农产品，而且还将它们按投资吸引力进行了排名！有了这个表格在手，你就相对其他投资者拥有了较大的优势，当世界特定区域遭遇全球气候冲击时，你就可以迅速展开行动。

我们将从巴西开始，见表 5-11。

表 5-11　针对巴西农产品的行动计划

资料来源：美国农业部 2010 年发布数据

	农田干旱/洪水/霜冻发生地：巴西
最大赢家（排名）	咖啡（39%）
	橙子（27%）（特别是发生在圣保罗）
	大豆（25%）
	糖（25%）
	玉米（7%）
	棉花（6%）
	可可（5%）
最大输家	农田受波及的农民

第 5 章　全球气候冲击三：农田干旱、洪水和霜冻

所以，我们应该如何解读表 5-11 呢？你已经看到，这个表的主要条件是"农田干旱/洪水/霜冻发生地：巴西"。如果真的发生这样的事件，那么最大的赢家就会是咖啡、橙子、大豆和糖——按照这个次序！其他也会从中受益但是无法达到如此受益程度的农产品是玉米、棉花和可可。它们无法达到之前几种农产品的受益程度的原因是，巴西种植的这几种农产品的市场份额较低（你可以在每种商品后面的括号内看到这个数字）。具体说下咖啡这一品种，全球咖啡总产量的 39% 都出自巴西。所以，很明显，如果这个区域遭遇大范围的全球气候冲击，咖啡市场就会感受到巨大的供给压力，因此，期货市场上咖啡价格上涨的潜力最大。

另一方面，这个事件中的唯一直接输家是农田直接遭遇全球气候冲击的农民。实际上，这个事件中还有一些间接输家。比如，美国那些习惯在早上享用咖啡的人。他们有可能因为这个全球气候冲击而不得不减少每杯咖啡的咖啡用量。

另外，有些制造商也会遭遇一些间接的负面影响。比如，当糖的价格上涨时，可口可乐和好时这些糖购买量很大的公司，就会感受到全球气候冲击带来的痛苦。同样的，当咖啡豆的价格暴涨时，莎莉集团（Sara Lee）也会感到不适。想要了解如何同时针对赢家和输家采取行动，可以参见第 9 章 "两边下注"。

可以在第 8 章了解一些现实生活的案例和结果，以及如何在未来的极端天气事件中利用这些信息。另外，还可以在第 8 章看到 "极端天气" 投资规则的列表。

全球 "A 队" 中的第 2 个国家是阿根廷。表 5-12 列出了我们在阿根廷遭遇大范围干旱或洪水时可以采取的行动计划。

表 5-12　针对阿根廷的行动计划

资料来源：美国农业部 2010 年发布数据

	农田干旱/洪水发生地：阿根廷
最大赢家（排名）	大豆（19%）
	玉米（3%）
	糖（1%）
最大输家	农田受波及的农民

表 5-12 中的结果不是那么令人激动，因为阿根廷的农产品种类比巴西少多了。然而，在阿根廷遭遇大范围的干旱或洪水时，仍然会有最大赢家，就是大豆市场，因为阿根廷出产的大豆占全球大豆总产量 19%。玉米和糖也是赢家，但是由于阿根廷的玉米和糖的市场份额相对较小，所以受益程度较低。

全球"A 队"国家的第 3 个国家是中国。表 5-13 列出了我们在中国，特别是表中列出的几种农产品的主产区遭遇大范围干旱或洪水时可以采取的行动计划。

表 5-13　针对中国农产品的行动计划

资料来源：美国农业部 2010 年发布数据

	农田干旱/洪水发生地：中国
最大赢家（排名）	棉花（29%）
	玉米（19%）
	小麦（16%）
	糖（8%）
	大豆（7%）
	橙子（5%）
最大输家	农田受波及的农民

如表中所示，棉花、玉米和小麦是中国最主要的三种农产品，其中棉花排在首位，因为全球有29%的棉花产自中国。因此，中国的棉花主产区发生任何规模的极端天气事件，都很可能影响全球棉花市场，将棉花价格推高。其他的赢家还有糖、大豆和橙子。

全球"A队"国家中第四个国家是印度。表5-14列出了我们在印度，特别是表中农产品的主产区遭遇大范围干旱或洪水时，可以采取的行动计划。

表5-14 针对印度农产品的行动计划

资料来源：美国农业部2010年发布数据

	农田干旱/洪水发生地：印度
最大赢家（排名）	棉花（22%）
	糖（16%）
	小麦（11%）
	橙汁（6%）
	咖啡（4%）
	大豆（4%）
	玉米（2%）
最大输家	农田受波及的农民

如表5-14所示，这一区域的三大赢家是棉花、糖和小麦——按这个次序！其他还可以受益于发生在印度的全球气候冲击的农产品是橙子、咖啡、大豆和玉米（按这个次序），不过受益程度低于之前的棉花、糖和小

麦，原因是印度这三种农产品的市场份额要高很多。

全球"A队"国家中的第五个国家是俄罗斯。表5-15列出了我们在俄罗斯，特别是表中这些农产品的主产区遭遇大范围的干旱或洪水时，可以采取的行动计划。

表5-15 针对俄罗斯农产品的行动计划

资料来源：美国农业部2010年发布数据

	农田干旱/洪水发生地：俄罗斯
最大赢家（排名）	小麦（9%）
	糖（2%）
最大输家	农田受波及的农民

如表5-15所示，俄罗斯在农产品领域并不处于领导地位，但是全球仍然有9%的小麦产自俄罗斯。在俄罗斯遭遇大范围的干旱或洪水时，小麦的价格就会上涨（过去确实已经上涨了）。毕竟，如果全球原本就紧张的小麦供给还在一夜之间消失了9%，一定会吓到购买者，小麦的价格自然就会上涨了。事实上，俄罗斯2010年就遭遇了50多年来最严重的旱灾。我们会在第8章详细介绍这次干旱。

全球"A队"国家中第六个国家是美国。表5-16列出了我们在美国，特别是表中几种农产品的主产区遭遇大范围干旱或洪水时，可以采取的行动计划。

第5章 全球气候冲击三：农田干旱、洪水和霜冻

表 5-16 针对美国农产品的行动计划

资料来源：美国农业部 2010 年发布数据

	农田干旱/洪水发生地：美国
最大赢家（排名）	玉米（41%）
	大豆（37%）
	棉花（15%）
	橙子（13%）
	小麦（10%）
	糖（5%）
	农田受波及的农民

如表 5-16 所示，美国农产品的市场份额简直令人瞠目，特别是玉米、大豆、棉花、橙子和小麦——依照这个次序！即便"最大赢家"排名最后一位的糖，其市场份额相对较小，但无疑也是赢家。有趣的是，最大的赢家玉米也在股票市场上提供了很多次一级的投资机会。这些次一级的投资机会会在其他很多章节中提到。

全球"A队"国家中第七个国家是印度尼西亚。表 5-17 列出了我们在印度尼西亚，尤其是表中两种农产品的主产区遭遇大范围干旱或洪水时，可以采取的行动计划。

表 5-17 针对印度尼西亚农产品的行动计划

资料来源：美国农业部 2010 年发布数据

	农田干旱/洪水发生地：印度尼西亚
最大赢家（排名）	可可（13%）
	咖啡（6%）
最大输家	农田受波及的农民

虽然印度尼西亚农产品的市场份额不像美国那样令人瞠目，但是还是有两种农产品的市场份额较高。如果可可和咖啡的供给因为全球气候冲击而遭到破坏，可可和咖啡这两种农产品都会是大赢家，因为可可和咖啡的市场会受到震动，它们的价格会因此上涨。再提醒一下，读者可以见第13章"期货市场投资基本原则"，了解如何利用本章讲述的这些农产品投资机会获利。

全球"A队"国家中第八个国家是越南。表5-18列出了我们在越南，特别是越南境内的这些农产品主产区遭遇大范围的干旱或洪水时，可以采取的行动计划。

表5-18 针对越南农产品的行动计划

资料来源：美国农业部2010年发布数据

	农田干旱/洪水发生地：越南
最大赢家	咖啡（13%）
最大输家	农田受波及的农民

如表5-18所示，越南的"故事"非常简单，这一地区只有一种重要的农产品，就是咖啡。在越南发生全球气候冲击事件时，只需要关注咖啡的价格，因为它们占了全球咖啡较大市场份额——13%。

全球"A队"国家中第九个国家是科特迪瓦。表5-19列出了我们在科特迪瓦，特别是科特迪瓦境内种植这个主要农产品的地区遭遇大范围干旱或洪水时，可以采取的行动计划。

第5章 全球气候冲击三：农田干旱、洪水和霜冻

表5-19 针对科特迪瓦农产品的行动计划

资料来源：美国农业部2010年发布数据

	农田干旱/洪水发生地：科特迪瓦
最大赢家	可可（37%）
最大输家	农田受波及的农民

表5-19从两方面特别吸引人的注意力。不仅是这一地区只有一种重要的农产品，而且这一农产品的市场份额还特别高。在这一地区遭遇全球气候冲击时，会对可可豆市场施加非常显著的影响，迫使可可的价格上涨。

全球"A队"国家中的第十个，也是最后一个国家是加纳。加纳的"故事"也像科特迪瓦的"故事"那样吸人眼球。如表5-20所示，加纳也只有一种重要的农产品可可，而且可可的全球市场份额也很高，达到21%。因此，在加纳遭遇全球气候冲击时，可可的价格会上涨，从而为期货市场的可可投资者提供了极好的机会。

表5-20 针对加纳农产品的行动计划

资料来源：美国农业部2010年发布数据

	农田干旱/洪水发生地：加纳
最大赢家	可可（21%）
最大输家	农田受波及的农民

与糖的情况类似，当可可豆的价格显著上涨时，会对可可豆的购买者不利，比如好时公司。可以参见第9章，在那里我们会讨论如何同时利用赢家和输家赚钱。

利用这些农产品赚钱的另一种非常好的方式是通过次级效应。具体来说，我们可以将注意力放在那些为农民提供产品的公司股价上（或公司债券），这些产品包括化肥、种子和农药等。另外，我们还会讨论农业设备生产商的情况。我们将从化肥开始深入讨论这些投资方式。

化肥

当全球气候袭击世界某一玉米主产区，导致玉米的价格越来越高时，农民因为可耕种的土地数量有限，就有动力提高每亩土地的玉米产量。方式之一就是在农田中施用化肥。这是化肥需求的主要驱动因素。在化肥市场的价格方面，玉米的价格与化肥的价格有关。当玉米的价格上涨时，农民就有动力种植更多的玉米，并且购买更多的化肥以提高玉米的亩产量。市场对化肥的需求增加，会有助于推高这些化肥的价格。图 5-1 显示了 2003 年至 2010 年玉米与三大主要化肥的季度价格走势对比情况，这三种化肥分别是北美钾肥、磷肥和尿素。

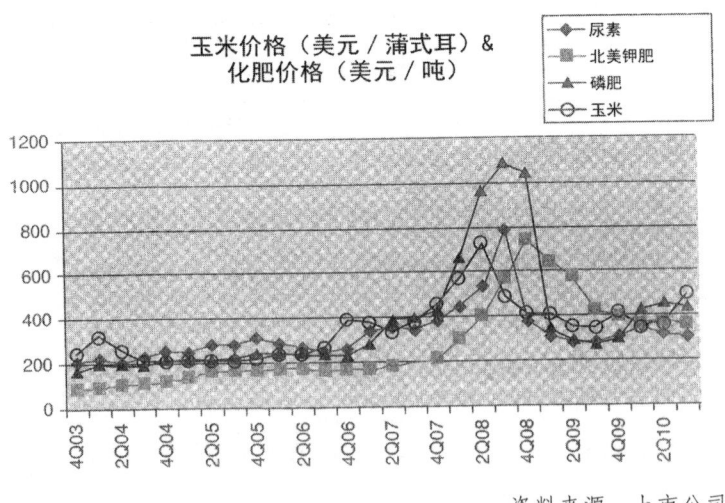

资料来源：上市公司发布资料

图 5-1　玉米价格与化肥价格

第 5 章 全球气候冲击三:农田干旱、洪水和霜冻

如图所示,玉米的价格与化肥的价格之间具有显著的相关性。仔细观察这幅图,我们可以发现玉米的价格可以作为化肥价格的先行指标,预测化肥的价格。图 5-1 中钾肥和玉米价格的相关性实际只有+54%,但是如果我们比较当前玉米的价格与两个季度后钾肥的价格,这个相关性将上升到+88%。有趣的是,对于尿素和磷肥来说,玉米预测这两种化肥未来价格的能力在两者间隔一个季度时表现最好。图 5-1 显示玉米与尿素价格的相关性只有+66%,但如果比较一个季度后的尿素价格,两者的相关性就会上升到+86%。同样的,当比较玉米和一个季度后的磷肥价格,两者的相关性就会从+74%上升到+87%。如果这种关系继续保持,那么当玉米当前 7 美元/蒲式耳的价格上涨时,化肥市场的价格也会上涨,并且由于供给冲击继续刺激着业已紧张的全球玉米市场,所以会继续对化肥市场产生"有利"影响。玉米价格和化肥价格(因此决定了化肥生产商的利润)之间的这种直接关系,是确保化肥生产商可以从遭遇极端天气类供给冲击的农产品中获利的关系。之前已经讲过,并且图 5-1 也显示世界三大化肥都会受益于玉米价格的上涨。

当寻找生产化肥的上市公司时,可以得到表 5-21。这些化肥生产商的股票代码列在表 5-22 中。

表 5-21 化肥生产商

资料来源:公开资料

化肥类型	美盛	加拿大钾肥	加阳	CF 工业	雅苒	乌拉尔钾肥
钾肥	31%	46%	25%	0%	0%	100%
磷肥	69%	28%	22%	20%	0%	0%
氮肥	0%	26%	53%	80%	100%	0%

表 5-22 化肥生产商的股票代码

资料来源：公开资料

上市公司	股票代码
美盛（Mosaic）	MOS
加拿大钾肥（Potash Corp.）	POT
加阳（Agrium）	AGU
CF 工业（CF Industries）	CF
雅苒（Yara）	YAR No
乌拉尔钾肥（Uralkali）	URKA Rm

在北美，有四大化肥巨头，分别是美盛（Mosaic）、加拿大钾肥（Potash）、加阳（Agrium）和 CF 工业（CF Industries）。他们都生产各种类型的化肥，但各自都有主营产品，比如美盛公司的主要产品是磷肥，加拿大钾肥公司的是钾肥（营养素），加阳公司是氮肥及下游的零售业务，而 CF 工业公司主要是氮肥。有意思的是，挪威的雅苒公司（Yara）只生产氮肥，俄罗斯的乌拉尔钾肥公司只生产钾肥。其他还有很多化肥生产商，但是表中列出的这些化肥生产商都是业务较为集中的公司，公司总收入中有较大一部分来自于一种化肥。对于"极端天气"投资者来说，具有这种特点的上市公司才值得关注。能够分清楚哪个公司主要生产哪种化肥当然更好，但是好消息是这三大化肥的价格和利润都与玉米的价格高度相关。所以，一般都是"整个板块联动"（意味着所有化肥生产商的股票价格齐涨齐跌），当玉米市场因为紧张的库存使用比（比如玉米的低库存加高需求）以及极端天气引发的供给冲击而遭遇涨价压力时，整个化肥板块都会上涨。所以，也就是说，当全球供给冲击袭击玉米市场时，赚钱的另一种方法就是购买化肥生产商的股票（或债券）。

除了化肥价格与玉米价格高度相关可以带来很好的投资机会外，这个板块非常热门还有一个原因，就是其中每一个公司都曾经或者可能再次成为收购的对象，而这都会推高公司股票的价格。

后面我们将讨论生产种子和农药的上市公司的情况，之后，我们将会把这些情况整合起来，看它们相对化肥生产商的投资吸引力如何。

种子和农药

种子和农药的价格也会受到农产品价格的影响。当洪水或干旱摧毁了部分农田的农作物，导致玉米和其他主要农产品的价格上涨时，农民一定希望提高他正在种植的农产品的单位产量，不管这个农产品是玉米、大豆、小麦、棉花或其他任何农产品。要实现提高单位产量的愿望，农民可以采用很多方法，并且常常是同时采用这些方法。

农民可以采用的方法包括施用各种化肥，如之前所述。农民还可以通过采用转基因种子来提高单位产量。这些转基因种子较之非转基因种子，其抗虫、抗除草剂、抗旱以及抵抗其他作物病害的能力都更强。另外，农民通常采用的另一种方法是采用各种化学药剂。比如，他可以喷洒除草剂去除杂草，喷洒杀虫剂杀死各种害虫，喷洒其他类型的化学药剂来处理其他微生物。

农作物种子和农药的主要生产商列在了表5-23中。注意，这里我们并不十分在意这些生产商位于什么地方，因为任何地方的农田遭遇干旱或洪水，都有利于种子和农药的生产商。原因是全球供给冲击会推高相关农产品的价格，当农民从该农产品中获利更多时，他购买更多化肥、该农产品的种子和农药的愿望会显著上升。

表 5-23　农作物种子和农药生产商

资料来源：公开资料

总收入占比	孟山都	杜邦	富美时	科聚亚	陶氏化学	先正达	巴斯夫
种子	72%	29%	0%	0%	5%	24%	3%
农药	28%	0%	40%	13%	5%	76%	3%
其他	0%	71%	60%	87%	90%	0%	94%
总计	100%	100%	100%	100%	100%	100%	100%

另一种方法是将种子和农药的数据合起来呈现，如表 5-24 所示。这是一种更能反应问题的方式，因为种子和农药都会受益于农产品的供给冲击。种子和农药生产商的股票代码列在表 5-25 中。

表 5-24　农作物种子和农药的生产商

资料来源：公开资料

总收入占比	孟山都	杜邦	富美时	科聚亚	陶氏化学	先正达	巴斯夫
种子与农药	100%	29%	40%	13%	10%	100%	6%
其他	0%	71%	60%	87%	90%	0%	94%
总计	100%	100%	100%	100%	100%	100%	100%

表 5-25　农作物种子和农药生产商的股票代码

资料来源：公开资料

上市公司	股票代码
孟山都（Monsanto）	MON
杜邦（DuPont）	DD
富美时（FMC）	FMC
陶氏化学（Dow）	DOW
巴斯夫（BASF）	BASFY
先正达（Syngenta）	SYT
科聚亚（Chemtura）	CHMT

第5章 全球气候冲击三：农田干旱、洪水和霜冻

如表 5-24 所示，当把种子和农药的收入合起来统计时，孟山都（Monsanto）和先正达（Syngenta）显然是最大的赢家，因为他们公司 100% 的收入都来自这两个领域。接下来的赢家是富美时（FMC），有 40% 的收入来自这两个领域。杜邦（DuPont）有 29% 的收入来自于这个领域。接下来，科聚亚（Chemtura）是 13%，陶氏化学（Dow）是 10%，巴斯夫（BASF）是 6%。在下一节中，我们会比较这一章讨论的几个农业相关领域——包括农产品、化肥、种子和农药——的相对投资吸引力。

化肥 vs 种子 vs 农药 vs 农产品

我们将所有由全球气候冲击对化肥、农作物种子、农药和农产品的价格的影响带来的投资机会统一起来做个比较，并制作一个行动计划表，就可以得到表 5-26。这个表总结了我们在大面积农田遭遇严重干旱或洪水时（不管这片农田位于哪里），可以采取的行动计划。

表 5-26 大面积农田遭遇干旱/洪水时的行动计划

资料来源：公开资料

	农田干旱/洪水
最大赢家（排名）	期货市场（100%）
	孟山都（100%）
	先正达（100%）
	加拿大钾肥（100%）
	美盛（100%）
	加阳（100%）
	CF 工业（100%）

	雅苒（100%）
	乌拉尔钾肥（100%）
	富美时（40%）
	杜邦（29%）
	科聚亚（13%）
	陶氏化学（10%）
	巴斯夫（6%）
最大输家	遭遇洪水/干旱的农田

注意：公司后面括号内的数字是化肥、种子或农药占公司总收入的百分比。

农业设备生产商

我们在第 4 章讨论过，矿业设备生产商是矿业发展前景良好的一大受益者。同样的，农业设备生产商也会受益于农业强劲的发展潜力。全球主要设备生产商以及各种设备在各个生产商总收入中的占比情况列在了表 5-27 中。这些农业和矿业设备生产商的股票代码列在表 5-28 中。

表 5-27 农业和矿业设备生产商

资料来源：公开资料

总收入占比	卡特彼勒	迪尔	凯斯纽荷兰	比塞洛斯	爱科	久益环球
农业	0%	78%	72%	0%	100%	0%
矿业	12%	0%	0%	100%	0%	100%
土方作业	15%	0%	18%	0%	0%	0%
其他	73%	22%	10%	0%	0%	0%
总计	100%	100%	100%	100%	100%	100%

第 5 章 全球气候冲击三：农田干旱、洪水和霜冻

表 5-28 农业设备生产商的股票代码

资料来源：公开资料

上市公司	股票代码
卡特彼勒（Caterpillar）	CAT
迪尔（Deer & Co.）	DE
比塞洛斯（Bucyrus）	BUCY
久益环球（Joy Global）	JOYG
凯斯纽荷兰（CNH Global）	CNH
爱科（Agco Corp.）	AGCO

我们在第 4 章讨论矿区洪水的部分就讲过比塞洛斯和久益环球的情况。在本章的农业设备一节中，我们会看到迪尔（Deer & Co）、凯斯纽荷兰（CNH）和爱科（Agco）将是最大的赢家，因为这三家公司的主要甚至全部收入都来自于农业设备。在第 4 章，我们看到了久益环球和比塞洛斯的股票价格与皮博迪公司（美国最大的煤炭生产商）的股票价格有极高的相关性。在这一章，我们也会看到迪尔公司的股票价格与化肥生产领头羊加拿大钾肥公司（股票代码 POT）的股票价格有着极高的相关性，如图 5-2 所示。另外，爱科和凯斯纽荷兰在过去十年的股票价格走势也非常相似。

资料来源：经彭博通讯社许可使用

图 5-2 2003 年到 2011 年间，迪尔公司与加拿大钾肥公司的股票价格走势对比

所以，我们该如何利用这一信息呢？

与第 4 章类似，迪尔、爱科和凯斯纽荷兰公司股票可以分享农业市场的光明前景，所以可以作为多样化投资的备选对象。

另外，在全球气候冲击事件或极端天气事件中，首要的投资对象应该是直接受影响的农产品，那些与之高度相关的设备生产商股票应该作为第二投资选择。

第6章　全球气候冲击四：飓风和龙卷风

飓风和龙卷风是各种极端天气中最严重的一种。正如我们过去多次经历过的那样，这种极端天气的破坏力非常大，而且破坏范围往往非常广。当我们分析飓风和龙卷风的影响时，会发现这类事件的受益者包括北美独立的天然气/石油生产者、住房建筑、建筑材料和基础设施重建。我们会在后面详细讨论每类受益者的情况。

独立的天然气生产商

回想一下，我们曾在第1章将天气然划归为"大麻烦"商品，原因是北美地区的天然气供给突然大增。我们之前就多次说过，我们喜欢投资"交好运"类商品，因为在极端天气冲击市场之前，这类商品的供求状况本就已经紧张，如果再遭受极端天气冲击，相关商品的价格就会猛烈上涨。但是，尽管目前天然气归入了"大麻烦"商品类，但仍然会对供给冲击（特别是长期的严重的供给冲击）作出有利反应，从而为我们提供赚钱的机会——虽然不像"交好运"类商品在类似状况下提供的机会那么多。

所以，我们想要知道当飓风出现时，谁会是天然气生产者中的赢家？为了找出这个问题的答案，让我们先来看看全球天然气市场的格局如何。表6-1列出了全球天然气的主产地及各自的市场份额。

表 6-1　全球天然气的产量分布情况

资料来源：美国能源信息署 2009 年发布数据

全球天然气产量分布	占比
美国	20%
俄罗斯	19%
加拿大	5%
伊朗	4%
挪威	3%
卡塔尔	3%
中国	3%
阿尔及利亚	3%
荷兰	3%
沙特阿拉伯	3%
其他	34%
全球总量	100%

如表 6-1 所示，美国和俄罗斯均占有全球天然气市场较大份额。可能有人会认为当俄罗斯遭遇极端天气事件时，赢家理应是美国的天然气生产商。遗憾的是，事实并非如此，因为要将天然气出口到世界各地是非常困难的事情。要出口天然气，首先需要以非常非常低的温度将天然气转化成液态。现在，虽然也有天然气液化设备可以达到如此低的温度，但是目前这种做法还没有使天然气像它姐妹"石油"那样成为运输广泛的全球性交易商品。天然气更多是一种区域定价商品。要证明这一点，可以比较世界各地的天然气价格，比如中东的天然气价格仅为 75 美分/百万英热单位，美国是 4 美元/百万英热单位。一般情况下，全球定价商品的价格是由高成本生产商制定的，但是这个规律并不适用于中东的天然气。所以，当天然气的定价并不遵循全球定价模型时，作为"极端天气"投资者，我们应该

第6章 全球气候冲击四：飓风和龙卷风

如何利用天然气获利呢？答案是寻找区域性的投资机会。

由于美国墨西哥湾沿岸地区每年都会遭遇飓风，所以美国似乎是我们分析的理想起始点。让我们深入发掘，找出美国的天然气是哪些地方生产出来的。图6-1显示了美国国内的天然气加工设施分布情况。这些加工设施一般都非常靠近天然气的开采地，因此可以给我们提供美国国内天然气分布的大致信息。

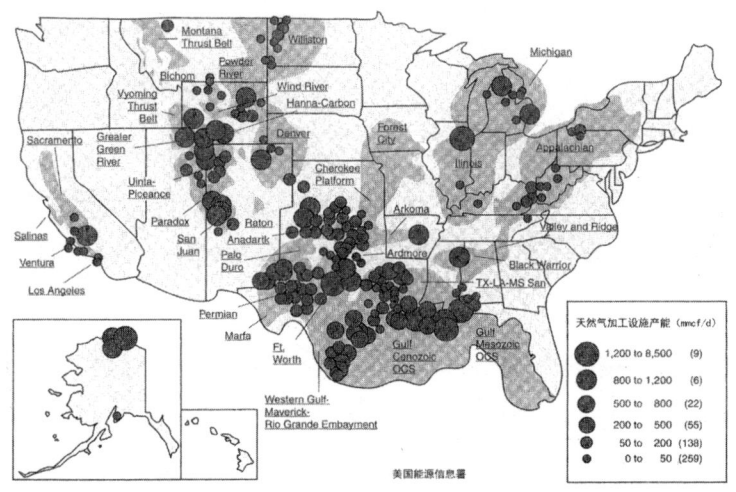

资料来源：美国能源信息署2010年发布数据

图6-1　美国天然气加工设施

令人惊讶的是，得克萨斯州和路易斯安那州的天然气产能接近美国总产能的一半，其中大部分天然气加工设施分布在墨西哥湾沿岸地区，而这刚好就是"飓风走廊"（hurricane alley），是飓风经常肆虐的地方。

为了更清楚地了解"飓风走廊"这个概念，可以参见图6-2，图中标示了美国境内最可能发生飓风、龙卷风甚至地震等主要天气事件的区域。

Extreme Weather and The Financial Markets: Opportunities in Commodities and Futures

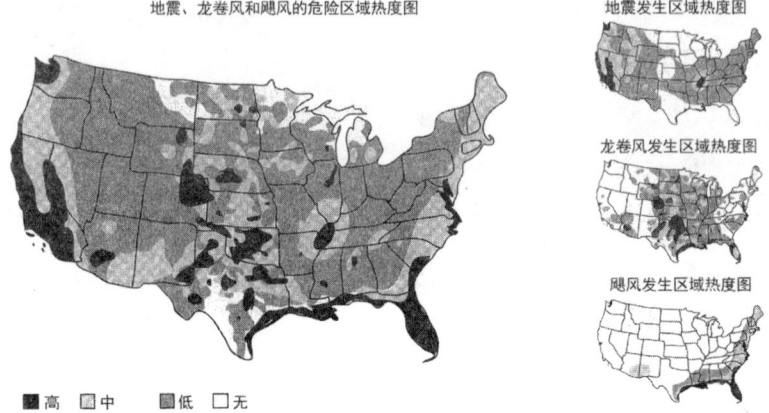

资料来源：基本数据来自美国商务部，地图来自 Pingdom 公司。

图 6-2　美国大型风暴多发区域地图

如图 6-2 所示，飓风发生频率最高的区域正好就是天然气开采和加工的区域。这是"极端天气"投资机会的一个经典例子。

现在，我们将全球的投资机会缩小到美国国内，看有哪些上市公司值得我们关注。作为"极端天气"投资者，我们喜欢寻找能让资金发挥最大效用的投资机会。所以，我们真正要寻找的是那些天然气和石油的开采和加工在公司收入中占比最高的上市公司。（一般来说，这类公司中大部分同时也是石油的主要开采者和加工者。现在，这些公司越来越多地转向石油而不是天然气的开采，因为之前讲过，石油目前是"交好运"商品，而天然气不是。）所以，我们到底应该关注像埃克森（Exxon）这样的综合能源巨头，还是关注那些只专注于寻找天然气和石油但自身并不拥有任何加油站的小公司呢？为了作出正确的选择，可以先看看图 6-3 的产业价值链流程图。

第 6 章 全球气候冲击四：飓风和龙卷风

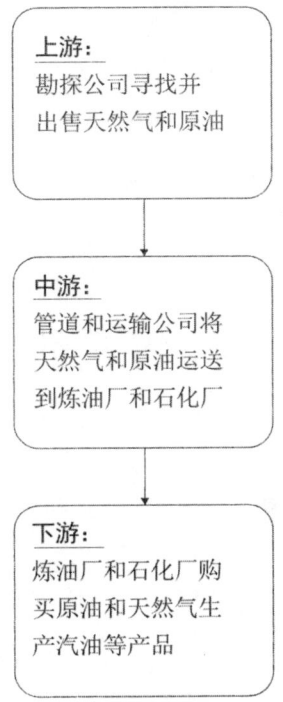

图 6-3 能源产业价值链

像埃克森这样的大公司，整个产业链的每个环节都在参与。作为"极端天气"投资者，我们需要的是埃克森这样的大公司呢，还是只专注于整个产业链中某一环节的小公司呢？如果是只专注于某一环节的公司，那么又应该是整个产业链中哪一环节呢？为了回答这个问题，让我们简单说说每一环节的情况。处于产业链上游的是出售天然气和原油的公司。当这两种商品的价格上涨时，这些公司就会大大受益。

处于产业链中游的公司也可以受益，但是他们不会直接受益于天然气和原油价格的上涨。所以，对于"极端天气"投资者来说，目前是产业链上游胜出。

处于产业链下游的公司需要购买原油和天然气,当这些商品的价格上涨时,这些公司的利润实际上受到了挤压。所以,这些下游公司并不是我们的首选对象。因此,作为"极端天气"投资者,要想让资金发挥最大效用,投资的目标就是处于产业链上游的公司。

我们已经知道我们的投资首选目标是处于产业链上游的公司,现在,我们还要进一步探究在墨西哥湾地区遭遇飓风时,哪些公司是最大受益者。

使用我们之前多次使用过的方法可以知道,这种情况下的"最大输家"是那些飓风走廊区域的产量占比最大的公司。当然,飓风有它自己的"想法",我们基本无法精确预估其行进路线。所以,作为"极端天气"投资者,我们的原则就是紧盯那些飓风走廊区域的产量占比最小的公司。毕竟,我们无法预测这些"最大输家"公司(大部分生产资产位于飓风走廊)中哪个会是直接被飓风袭击的倒霉公司,但是我们可以在飓风季节避开这些公司。

让我们再进一步探究。我们不仅要避开那些受袭概率最高的输家,还要购买最大赢家的股票,因为这些公司只有很少甚至没有生产资产位于飓风走廊,而且还会受益于飓风过后的天然气价格暴涨。

表6-2列出了大部分上游公司以及各个公司的飓风多发地区产量占比数据。虽然这些数据都是估算出来的,只是近似值,但还是能够反应大致情况。这是我们的行动计划表,显示了飓风袭击美国墨西哥湾地区时的最大赢家和最大输家排名。表6-2可以指导我们避开最大输家并买入最大赢家。这些主要上游公司的股票代码列在表6-3中。

表6-2 飓风走廊的产量占比

资料来源：基于公开资料的估算值

上市公司	飓风走廊的产量占比
西南能源（最大赢家）	0%
伦吉资源	0%
大陆资源	1%
戴文能源	2%
怀廷石油	3%
阿纳达科石油	7%
切萨皮克	7%
先锋自然资源	8%
卡波特油气	10%
平原勘探	13%
诺布尔能源	17%
阿帕奇	19%
依欧格资源	23%
新田勘探	26%
油鹰能源	33%
丹伯里资源（最大输家）	38%

表6-3 位于飓风走廊的公司股票代码

资料来源：公开资料

股票代码	上市公司
CHK	切萨皮克（Chesapeake）
EOG	依欧格资源（EOG Resources）
NBL	诺布尔能源（Noble Energy）
NFX	新田勘探（Newfield Exploration）
SWN	西南能源（Southwestern Energy）
PXD	先锋自然资源（Pioneer Natural Resources）
DNR	丹伯里资源（Denbury Resources）

WLL	怀廷石油（Whiting Petroleum）
HK	油鹰能源（Petrohawk Energy）
CLR	大陆资源（Continental Resources）
RRC	伦吉资源（Range Resources）
COG	卡波特油气（Cabot Oil & Gas）
APA	阿帕奇（Apache Corporation）
APC	阿纳达科石油（Anadarko Petroleum）
DVN	戴文能源（Devon Energy）
PXP	平原勘探（Plains Exploration）

投资北美独立的天然气/石油生产商的最大优势之一，是我们既可以直接交易期货市场的天然气，而且如果我们喜欢的话，还可以投资这些公司的股票或公司债券，因为这些公司不仅全部公开发行了股票，而且很多还发行了公司债券。

参见第8章"现实案例：交易机会和择时"，看这些公司在卡特里娜飓风袭击期间是如何反应的，以及我们应该如何对未来的飓风作出反应。

石油

我们在之前的天然气部分讲过，石油是一种全球交易、定价的商品，而天然气不是。所以，石油值得我们单独列出来讨论。

对于"极端天气"投资者来说，石油非常具有吸引力，因为它满足了我们理想投资的两个条件：（1）按照我们第1章的讨论，石油归为"交好运"商品，（2）它具有地理分布高度集中的特点，进而有遭受全球气候冲击的潜力。有趣的是，石油市场历史上发生的供给冲击都是由政治因素驱动，而不是由全球气候变化引发。之前讲过，商品没有偏好。

供给冲击就是供给冲击。任何类型的大型供给冲击都会对商品价格施加上行压力。

表6-4显示了全球石油产量的分布情况。

表6-4 全球原油产量分布情况

资料来源：美国能源信息署2009年发布数据

全球原油产量分布	占比
俄罗斯	12%
沙特阿拉伯	12%
美国	9%
伊朗	5%
中国	5%
加拿大	4%
墨西哥	4%
阿联酋	4%
巴西	3%
科威特	3%
其他	39%
全球总量	100%

如表所示，俄罗斯、沙特阿拉伯和美国的石油市场份额最高，因此，这三国是我们石油"极端天气"投资的重点关注对象。如果制定一份石油"极端天气"投资的行动计划，会有助于了解各个石油主要生产商的股票价格与原油价格的相关性。它们的相关性结果列在表6-5中。这些石油生产公司的股票代码列在表6-6中。

表6-5　各个上市公司5年的股票价格与原油价格的相关性

资料来源：公开价格数据

上市公司	5年股票价格和原油价格的相关系数
赫斯	65%
康菲	61%
挪威国家石油	57%
中石油	54%
俄罗斯石油	50%
雪佛龙	46%
森科能源	46%
大陆资源	43%
切萨皮克	41%
丹伯里资源	39%
巴西石油	37%
埃尼	36%
壳牌	34%
埃克森美孚	31%
卢克石油	28%
怀廷石油	28%
英国石油	25%
雷普索尔	23%
马拉松石油	23%
中石化	10%

表 6-6 石油生产公司的股票代码

上市公司	股票代码
赫斯（Hess）	HES
康菲（ConocoPhillips）	COP
挪威国家石油（Statoil）	STL NO
中石油（Petro China）	857 HK
俄罗斯石油（Rosneft）	ROSN RM
雪佛龙（Chevron Corporation）	CVX
森科能源（Suncor Energy）	SU CN
巴西石油（Petrobras）	PETR4 BZ
埃尼（Eni Spa）	ENI IM
壳牌（Royal Dutch Shell）	RDSA LN
埃克森美孚（ExxonMobil）	XOM
大陆资源（Continental）	CLR
怀廷石油（Whiting）	WLL
丹伯里资源（Denbury）	DNR
切萨皮克（Chesapeake）	CHK
卢克石油（Lukoil）	LKOH RM
英国石油（BP）	BP/LN
雷普索尔（Repsol YPF）	REP SM
马拉松石油（Marathon Oil）	MRO
中石化（China Petroleum）	386 HK

如表 6-5 所示，其中与原油价格相关性最高的赫斯公司，其相关系数也才达到 65%。这是统计学上的说法，意思是原油价格的变化可以解释赫斯公司股票价格 65% 的变化。为什么这个数字不能高一点，比如达到 95%？原因是赫斯公司除了售卖价格更高的原油，还开展了其他很多业务。

要记住,赫斯公司拥有很多零售加油站。加油站价格上涨的速度比不上原油价格上涨的速度,也比不上上游原油购买者炼油厂的价格上涨速度。然而,它们之间仍然具有正相关关系,并且相关性还很高,这意味着当原油价格上涨时,赫斯公司的股票价格也会上涨(从统计角度说)。

正是因为这个相关性大大低于100%,我们才会把我们行动计划表中的"最大赢家"第一名颁给"原油期货",而不是其中某家公司的股票。原油ETF也可以算作是最大赢家。

表6-7列出了我们在石油主产地发生全球供给冲击时,可以采取的针对石油的行动计划。

表6-7 针对原油的行动计划

资料来源:公开数据

	供给冲击发生地:俄罗斯	供给冲击发生地:沙特阿拉伯	供给冲击发生地:美国
最大赢家(排名)	原油期货	原油期货	原油期货
	非俄罗斯生产者	赫斯	非美生产者
	赫斯	康菲	挪威国家石油
	康菲	挪威国家石油	中石油
最大输家(排名)	俄罗斯石油	沙特阿拉伯生产者	美国生产者
	卢克石油		

与我们之前讨论的独立天然气生产商类似,全球石油生产商也都发行了股票,这为我们在股票市场提供了机会。另外,他们中大部分也发行了公司债券,又为我们提供了其他金融市场选择。参见第11章和第13章,这两章会讲债券和期货投资的基础知识,为我们投资这些市场提供了额外指导。

受益于飓风灾害的其他股票

飓风会造成大面积房屋、建筑和基础设施破坏。虽然这增加了对钢铁、化工产品、混凝土、管道、铜线和建筑材料的需求,但是这种效应通常要很长时间才能体现出来。因此,只有很少股票能受到即时、直接的影响。因此,在我们的"极端天气"投资分析中就不讨论这些股票了。

第7章 全球气候冲击五：干旱引发森林火灾

干燥的气候常常会引发大面积森林火灾。当森林被毁灭时，就意味着原木市场的供给冲击。现在，虽然原木市场具有高度地区性，但是当某一地区的原木供给遭到完全破坏时，其他地区尽管距离遥远，仍然会过来填补空缺。毕竟，目前美国西海岸的原木都会一路运送到日本和中国，所以如果需要的话，它们也可以被运输很长距离。所以，在过去十年，林业下游很多公司都出售了他们的森林资产。不过，还有四家上市公司仍然保留大面积森林资产，值得我们关注，他们分别是惠好（Weyerhaeuser）、普拉姆·克里克（Plum creek）、博特拉齐（Potlatch）和瑞安（Rayonier）。原木在各家公司的收入占比以及各家公司森林资产的地理分布情况见表7-1。

表7-1 林业公司

资料来源：公开资料

	惠好	普拉姆·克里克	博特拉齐	瑞安
原木（总收入占比）	13%	49%	45%	13%
地理分布：				
美国北部	0%	49%	17%	16%
美国南部	63%	51%	27%	70%
美国西部	37%	0%	56%	14%
美国总量	100%	100%	100%	

观察表7-1，要分析美国的北部、南部或西部发生大面积森林火灾时，谁是最大赢家和谁是最大输家，可以得到表7-2。

表7-2 针对森林火灾的行动计划

资料来源：公开资料

	火灾发生地：美国北部	火灾发生地：美国南部	火灾发生地：美国西部
最大赢家(排名)	惠好(13%)	全部遭殃	普拉姆·克里克(49%)
最大输家(排名)	普拉姆·克里克(49%)	普拉姆·克里克(49%)	博特拉齐(45%)
	博特拉齐(45%)	博特拉齐(45%)	惠好(13%)
	瑞安(13%)	瑞安(13%)	瑞安(13%)
		惠好(13%)	

说到森林资产，即使一家公司在美国北部拥有森林资产，但这些森林资产也分散在北部多个州境内，所以基于森林火灾的股票投资比较棘手。森林资产分散在多个州，就削减了森林大火对林业公司的负面影响。因此，基于森林火灾的股票投资方法是（1）将这个表格放在手边以便随时查看各家公司的森林资产分布情况，（2）不要购买成为表格中"最大输家"一栏的公司股票。在本例中，我们的策略就是避开麻烦股票。即便是"最大赢家"一栏的公司，虽然他们通常都会受益于其他地区的森林火灾，但是由于森林资产过度分散于多个州，所以我们也不会购买这种股票。

第 8 章 现实案例：
交易机会和择时

我们已经了解了所有全球气候冲击和极端天气事件，现在，我们要进入下一个关键步骤——看一些真实的极端天气事件并指出具体的投资执行方案和择时策略，以及会获得的结果。我们的目的是为你提供一些全球气候冲击和"极端天气"投资者的真实操作案例。我们还会以一份"极端天气"投资规则表来结束本章的讨论。

卡特里娜飓风

我们将回顾的第一个现实案例是飓风。具体点说是我们将看看卡特里娜飓风对独立天然气生产商的影响。为了便于查看，我们重新制作了行动计划排名表，如表 8-1 所示。提醒一句，这个排名表中的最大赢家和最大输家都是美国的独立天然气生产商。最大赢家是在飓风走廊的暴露程度最低的公司（位于飓风走廊的生产设施占公司比例最小）。最大输家是在飓风走廊的暴露程度最高的公司（位于飓风走廊的生产设施占公司比例最大）。

表 8-1 针对天然气的行动计划表

资料来源：在飓风走廊的暴露程度是根据公开资料估算的

上市公司	在飓风走廊的暴露程度（%）	2周回报率	5个月回报率
天然气价格	NA	−11%	99%
西南能源（最大赢家）	0%	5%	106%
伦吉资源	0%	−14%	43%
戴文能源	2%	−11%	37%
怀廷石油	3%	−10%	36%
阿纳达克石油	7%	−8%	24%
切萨皮克	7%	−12%	69%
先锋自然资源	8%	−16%	21%
卡波特油气	10%	−16%	38%
平原勘探	13%	−13%	22%
诺布尔能源	17%	−3%	36%
阿帕奇	19%	−12%	23%
依欧格资源	23%	−7%	50%
新田勘探	26%	−10%	31%
油鹰能源	33%	−20%	37%
丹伯里资源（最大输家）	38%	−15%	38%

如表所示，表中列出了每家公司股票的 2 周回报率和 5 个月回报率。具体一点说，表中股票的 2 周回报率是从卡特里娜飓风发生的 4 天前到卡特里娜飓风发生 2 周后的回报率。选择飓风发生 4 天前的数据作为基准数据，是因为天气预报通常提前 4 天发出飓风警告。

得出的结果和结论非常有趣：

令人惊讶的是，即便卡特里娜飓风过去了 5 个月，天然气的供给仍然没有恢复。因此，在这 5 个月的时间里，天然气的价格上涨了 99%。这种情况会使期货市场直接受益。但是，要注意到在飓风过后的 2 周内，不只是大部分股票的价格下跌（除了表中的最大赢家），天然气的价格也在下跌。这是非常有利的消息。供求规律认为商品供给遭到破坏，会对商品的价格施加上涨压力。但是，这里的情况是飓风过后 2 周内的天然气价格和股票价格双双下跌。这意味着极好的买入机会，因为买入价降低了，特别是像伦吉资源这样的公司，它在飓风走廊的暴露程度非常低（0%），但它的股票价格却在这 2 周内下跌了。这是下一次飓风到来时需要特别留意的信息。当股票市场和期货市场双双下跌时，通常都意味着更佳的买入点，所以在买入时要有耐心。

还要注意到，在飓风过后 5 个月时间内，期货市场的表现打败了表中列出的任何一家上市公司的股票表现，除了最大赢家西南能源公司。

那么，什么时候可以了结"卡特里娜飓风"投资建立的头寸？通常来说，当供给冲击平复，商品生产恢复时，商品的价格往往就会回落。密切留意商品的供给状态，在供给完全恢复之前卖出。另外，假如你在飓风预报时期决定买入最大赢家的股票，但是飓风突然转向海洋，不再登陆，又会怎么样呢？如果情况真是这样，就立即卖掉股票。作为一名"极端天气"投资者，我们的行动都围绕着极端天气事件展开。如果预期中的事件没有发生，就结束投资。

这里的重点是天然气价格的上升趋势如此强劲，以致 5 个月后，每只股票都提供了非常不错的回报。这种情况也无所谓，因为在"卡特里娜飓风"投资中，我们的目标是买入最大赢家并避开最大输家。即使最大输家的股票后来也上涨了，但对我们来说也无关紧要，因为我们的目标是买入在飓风走廊的暴露程度几乎为 0 的公司股票。

可以从卡特里娜飓风一例中总结出的一个重要结论，是投资者有大量的时间去参与全球气候冲击或"极端天气"投资。在这一案例中，天然气的价格持续上涨了5个月，上涨幅度达99%。这怎么可能呢？这是可能的，因为供给冲击对天然气的影响持续了至少5个月。有谁能够猜到这个供给冲击的影响会持续至少5个月？没有人能猜到，这也正是这次投资窗口期如此长的原因——因为极端天气事件存在巨大的未知数。后面你将会看到，"极端天气"投资的最大魅力之处在于极端天气事件的影响往往会持续很长时间。极端天气事件对市场影响的时间越长，我们投资的时间也越长。将"极端天气"投资这一关键特点与其他更为传统的投资方法做个比较，看看孰优孰劣？一旦上市公司发布业绩报告，市场就会对这家公司的整体状况有个了解，并且未知数较少。这家公司的股票价格几乎会立即对这一消息作出反应，不管披露的业绩是否超过预期，也不管投资机会是否已经过去。在"极端天气"投资中，不仅是投资窗口期长（因为事件持续的时间以及供给短缺引发的恐惧），而且我们相对一般投资者还具有很大很大的优势，因为我们现在手上有很多本书提供的行动计划表，让我们可以灵活应对任何全球气候冲击。

澳大利亚东部洪水

澳大利亚东部发生大洪水时，炼焦煤市场会遭遇大规模供给破坏。回想我们之前制定的那个行动计划表。根据我们的行动计划表，最大赢家会是沃尔特能源（Walter Energy）和泰克资源（Teck Resources），最大输家会是麦克阿瑟煤炭（MacArthur Coal）。事实证明，这个推断是正确的。

2010年下半年，澳大利亚东部遭遇特大暴雨袭击。根据天气报告，截至2010年10月31日，这一地区3个月的降雨量超过历史平均降雨量400%。图8-1显示了从2010年11月1日开始，泰克资源股价与标普500

指数的走势情况。如图所示，这段时期标普500指数上涨了11%，而泰克资源的股价竟然上涨了39%。相比之下，这一事件的最大输家麦克阿瑟煤炭的股票回报是0%。请记住，麦克阿瑟不仅生产全部集中在澳大利亚东部的洪水区域，而且94%的总收入来自于煤炭。所以，这段时期泰克资源的股价表现超过麦克阿瑟39%，也并不令人感到意外。

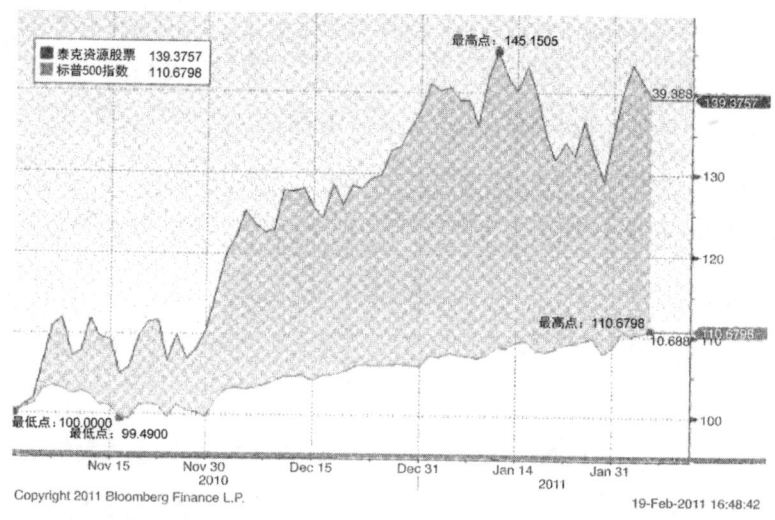

资料来源：经彭博通讯社许可使用

图8-1 从2010年11月到2011年2月，泰克资源股价与标普500指数的走势情况

从本例中总结出的要点如下：

澳大利亚东部洪水是"极端天气"投资的一个经典案例。如图8-1所示，正如我们的预期，泰克资源这个我们行动计划表中的最大赢家，确实成为了这次事件的主要赢家（我们在此事件中选择泰克资源而不是沃尔特能源做比较，是因为这段时间沃尔特能源正在收购另一家煤炭公司，因此沃尔特能源的股价在这段时间上涨了约42%）。同样的，麦克阿瑟煤炭正如我们的预期，成为了此次事件的最大输家。想想看，这些结果并不意外。麦克阿瑟煤炭会是最大输家，当然是因为它几乎全部的收入都来自炼焦煤产品线，而它的矿山也刚好位于洪水肆虐的区域。同样的，泰克资源显然是赢家，因为它不仅有机会扩大市场份额，而且炼焦煤的价格还上涨了。

炼焦煤价格上涨，期货市场上却没有利用的机会，因为炼焦煤并不在这个市场交易。所以，我们的投资机会存在于股票市场和公司债券市场（见第11章"债券市场的机会"，了解更多债券投资机会的细节）。但是，期货市场没有投资机会并不影响商品对供给冲击作出反应。从2010年末洪水开始到2011年夏天写作本书时止，炼焦煤的价格大幅飙升。这再一次证明了受极端天气袭击的商品，其投资窗口期非常长。一般规则是商品供给受影响的时间越长，商品投资的窗口期也越长。

矿区遭遇洪水情况下，何时才是最佳买入时机？在这次案例中，洪水的持续时间很长，影响力很大，所以即便是在洪水开始显现威力之后，你也仍然有入场的机会。炼焦煤的价格以及股票的价格，在洪水发生后仍持续上涨了几个月。基本规则是供给冲击持续的时间越长，我们投资的窗口期也越长。它的魅力之处在于即使我们无法预测供给影响持续的时间有多长，但我们已经一次又一次看到这个影响通常不会很快结束，这就延长了我们的投资窗口期。请记住，如果我们在供给冲击发生后，市场价格开始强烈反应之前进了场，之后却发现这次供给冲击只是一次影响甚微的小事件，我们就立即了结头寸。

俄罗斯干旱

在2010年，俄罗斯遭遇了50多年来最严重的干旱。从2009年秋开始

第8章 现实案例：交易机会和择时

到2010年，俄罗斯的降雨量非常少，越来越多的地区收到了严重干旱警告。到2010年8月，俄罗斯23个地区处于干旱紧急状态（伏尔加联邦管区的小麦产量超过俄罗斯总产量1/4）。图8-2显示了每蒲式耳小麦的价格（在美国，1蒲式耳小麦等于27.216公斤）。

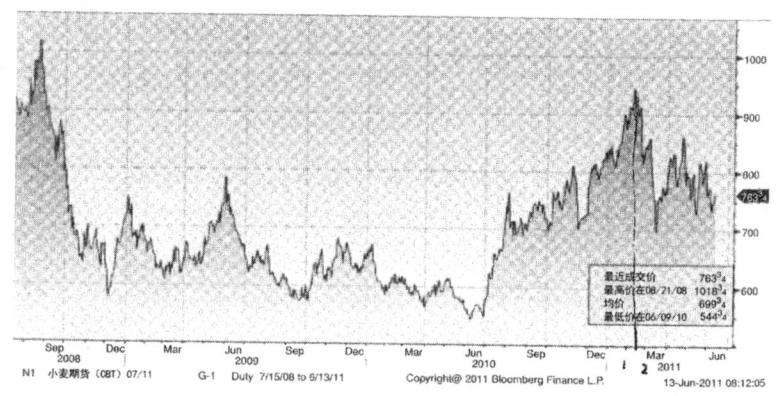

资料来源：经彭博通讯社许可使用

图8-2　从2008年7月到2011年6月的小麦价格走势

俄罗斯干旱是一个非常有趣的案例，因为它突显了以下几个关键点：

干旱状况可以持续很长一段时间。在本例中，俄罗斯的干旱状况持续时间超过一年，越来越多的地区宣布进入干旱紧急状态。记住我们之前说过的那句话，时间是我们"极端天气"投资者的朋友。极端天气事件持续的时间越长，我们参与投资的时间也越多。

2009年秋开始，降雨量稀少，俄罗斯开始进入干旱状态。这种干旱状态一直持续到2010年春天和夏天。小麦的价格走势非常有趣。注意，尽管干旱日益严重，并且市场预期小麦收成会减少，但是一直到2010年6月，小麦的价格都一直保持相对稳定。但是到了2010年8月的仲夏时节，俄罗斯政府宣布实施小麦出口禁令。在粮食供给越来越紧张的今天，这是非常常见的做法。实际上，干旱本身就是政府行动的先行指标。政府宣布小麦出口禁令这个行动，对小麦的价格施加了双重推动作用，因为不仅干旱本身导致全球小麦供给短缺，现在俄罗斯政府的出口禁令又进一步加剧了这种状况。在 2010 年 5 月，俄罗斯宣布粮食产量减少逾 1/3，而小麦市场的价格还没有真正作出回应。如果我们在 2010 年 5 月投资小麦期货，那么用接下来几个月的均值计算，我们可以获得 37% 的回报。事实上，如果我们在 2011 年 2 月的最高点卖出，回报将达到 63%。

如果你是在价格登顶之前买入小麦期货合约，那么应该持有合约多长时间呢？当然，事后看来是非常清楚的，但是如果是事前，理想情况是你持有合约直到干旱状况日益严重加上（或者）政府出台干预措施导致小麦价格进一步上涨。这是一个非常主观的决定，因为很难预测这种情况何时出现以及会不会出现。但是，你知道干旱持续时间越长，价格上涨以及政府干预的可能性就越高，而政府干预又意味着额外的供给冲击。当你持有头寸时，你需要继续做你的研究工作。你需要一直留意干旱状况、政府对干旱状况的公开意见，最重要的是期货市场的价格。如果在等待期间看到价格下跌，你可以选择了结头寸，取决于你对干旱的严重性以及政府行动预期的确定程度。

美国东北部暴风雪

之前我们讲过在极端暴风雪天气情况下，康巴斯矿业公司（Compass Minerals）的股票是我们的投资对象。我们选择这只股票，不仅是因为它的生产集中在美国，而且道路盐在总收入中占比很高。

从 2010 年末开始，美国东北部进入了一个可怕的冬季。这个区域遭遇

第 8 章 现实案例：交易机会和择时

多场最高降雪量达 12 英寸的暴风雪。道路盐的需求量与路面冰雪的厚度以及暴风雪的频率成正比。

图 8-3 显示了从 2010 年 9 月 30 日到 2011 年 2 月 28 日，康巴斯矿业公司的股价与标普 500 指数的走势对比情况。

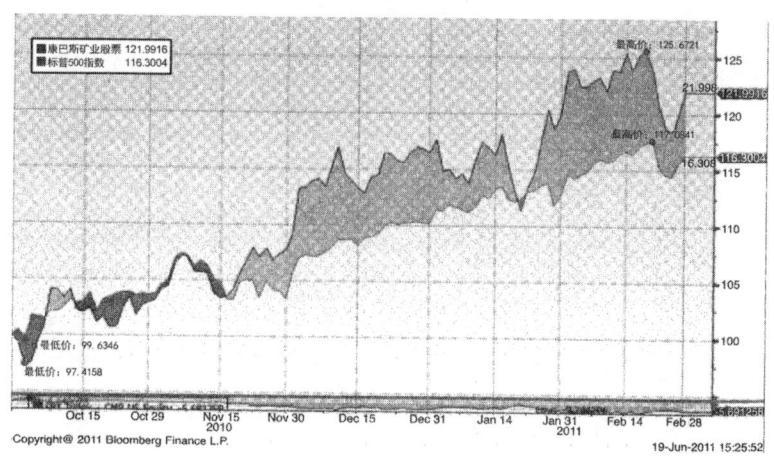

资料来源：经彭博通讯社许可使用

图 8-3 康巴斯矿业公司股价与标普 500 指数走势

这幅图显示了 2010 年/2011 年冬天股市的大致状况。在这段时间，股票市场的整体表现良好，回报达到 16%。但是，这段时间康巴斯的股票表现更胜一筹，回报达到 22%。从这个极端天气案例中总结出的要点如下：

这个案例与本书中讲的其他很多案例不同，因为在这种情况下投资康巴斯的理由不是基于供给冲击，而是因为对道路盐的需求猛增。

极端的暴风雪天气允许在康巴斯股票上下赌注，最终结果是康巴斯的股票表现超过指数 600 个基点（6%）。注意在 9 月和 10 月期间，康巴斯的股价和标普500指数相互追踪，咬合紧密，但是当进入11月中旬后，康巴斯的股价就将指数甩在身后。

有趣的是，当我们查看康巴斯股票在过去8个季度的表现时，会发现康巴斯的股价会在每年进入冬季时上涨，在进入温暖季节时下跌。而且，冬季的气候越恶劣，这种上涨会越剧烈。

投资康巴斯股票的方法，是在每年11月份暴风雪袭击美国东北部之前进场买入。

与我们讨论的其他"极端天气"投资策略类似，如果极端天气最终没有产生预期的结果，并且市场没有从中受益，就立即了结头寸。

2011年初的可可豆供给冲击

我喜欢这个案例，因为这个案例表明即使供给冲击与极端天气事件无关，仍然可以产生相同的结果。这个结果就是相关商品的价格因为供给冲击而上涨。本例中的相关商品就是可可豆。

之前讲过，从"极端天气"投资者的角度来看，可可豆的"故事"非常有意思。原因是全球约37%的可可豆产自科特迪瓦——位于非洲西北部海岸的一片区域。这一地区的极端天气类供给冲击肯定会对可可豆的价格施加上涨压力，不过，政治因素驱动的供给冲击也能产生同样的效果。

当科特迪瓦政府出于一些政治方面的理由，决定颁布可可豆出口禁令时（他们在2011年1月就这样做了），这对可可豆价格的影响与极端天气供给冲击产生的影响相同（也就是可可豆的价格上涨）。

可可豆的价格走势如图 8-4 所示。注意在政府于 1 月中旬临时颁布出口禁令后，可可豆价格创出的峰值，特别是 2011 年 1 月中旬政府颁布出口禁令引发可可豆市场供给冲击后，可可豆的价格持续上涨了近两个月，从而为投资者提供了充足的时间来抓住投资机会。如果期货合约是在颁布禁令时买入的，那么在随后 7 到 8 周内可以实现 18% 的回报。

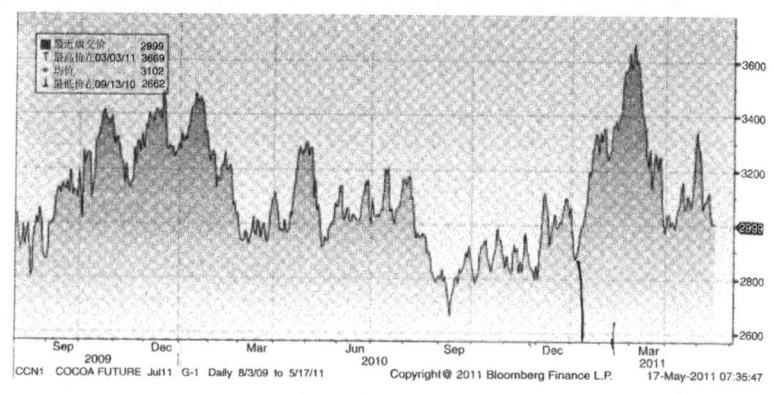

资料来源：经彭博通讯社许可使用

图 8-4　从 2009 年 8 月到 2011 年 5 月的可可豆价格走势

好消息是本例中 18% 的回报可以实现。比较挑战的部分是决定何时出场。在本例中，事件是由政治因素驱动的。因此，如果你决定参与基于政治的投资机会，就一定要留意政治的动向，以确定出场时间。在本例中，当 2011 年 3 月 11 日日本发生大地震时，并没有缓解全球需求变疲软的担忧。的确，我们无法预测地震或其他可以对你的投资产生负面影响的事件，但是在本例中可以适用三条普遍规则：

不管供给冲击属于极端天气事件还是政治驱动事件，都可以采用同一个出场规则。如果可能的话，就在问题解决之前出场。比如，如果预测洪灾造成的破坏需要 4 到 6 个月才能恢复，那么就可以考虑在这个期限到来之前出场。类似的，在政治驱动的供给冲击中，如果可能的话，就在问题解决之前出场，在本例中就是在禁令取消前出场。

现在，让我们假设你的交易被突发地震打了个措手不及。如果发生了这种情况，并且相关商品的价格改变了方向，就立即结束交易。

类似的，让我们假设你没有及时在供给冲击平复之前出场（比如，要么出口禁令取消，要么洪水影响提前消除，从而正式结束了"极端天气"投资）。这时，你的任务就是立即了结头寸。

正如我们之前反复讲过的，这类投资的魅力之处在于供给冲击，特别是极端天气类型的供给冲击，往往具有粘性，也就是持续时间很长。持续时间越长，对我们越有利，因为这会为我们的投资提供更多的升值机会，不管这发生在期货市场、股票市场还是债券市场。

关于玉米的补充观点

我在现实案例的讨论中加入玉米，是因为玉米目前是"交好运"类商品的代表。可以回到第 1 章，看看为什么玉米是如此典型的"交好运"类商品。

玉米有着非常强劲的基本面前景，所以尽管只有微小的极端天气事件影响玉米的供给，但玉米的价格仍然在有力地上涨。当一种商品归入"交好运"商品类时，即便没有遭遇全球气候冲击，商品的供求状况已然十分紧张。事实上，这些"交好运"类商品的供给"故事"已经很有吸引力，所以即使没有发生极端天气类型的供给冲击，这些商品仍然能为投资者提供不错的投资机会。关键问题是何时进行投资。

本章的下一节内容是对"极端天气"投资的投资规则进行总结。这些规则源于本书讨论的很多现实案例的结果和总结。另外，鉴于玉米的基本面如此强劲，即使没有极端天气类型的供给冲击，还是可以总结出"交好运"类商品的普遍投资规则。

"极端天气"投资规则

1. 冲击值。为了更清楚地理解这一点，我们会给出冲击值的定义。

定义：冲击值

供给冲击持续的天数。持续的时间越长，投资的时间窗口越大。持续的时间越长，潜在投资的持有时间也越长。

我们在本书中多次讲过，极端天气事件的冲击值可以非常大。表8-2列出了发生过的一些极端天气事件以及冲击值较大的其他极端事件。

表8-2　冲击值案例

资料来源：历史事件的估值

极端事件	冲击值
卡特里娜飓风	6个月
俄罗斯干旱	1年
澳大利亚东部洪水	3-6个月
一系列暴风雪	3个月
矿业罢工	30天
地震	1-6个月

如表 8-2 所示,极端天气事件的冲击值可以非常大。这是"极端天气"投资最具有吸引力的特点。这个冲击值正是我们可以在供给冲击的早期阶段入场并且仍然有时间赚钱的原因。

有趣的是,全世界的投资者会花大量时间来关注上市公司的季度业绩报告。但是想想看,业绩报告的等效冲击值是多少?根据上述定义,即使你加上阅读季度业绩报告以及收听管理层的季度电话会议的时间,业绩报告的冲击值也在一日之内。这个时间太短了。也就是说,想要在上市公司季度业绩报告发布之后从股票价格的上涨中获利,根本来不及。

2. 商品没有偏好。虽然本书的重点在于"极端天气"投资,但是其实商品没有这种驱动因素偏好。供给冲击就是供给冲击。不管供给冲击源自极端天气事件、地震、大罢工,还是政治事件,引发供给冲击的原因是什么并不十分重要,它们的最终结果基本上都是相同的,都是商品的供给量减少了。真正重要的是冲击值,也就是供给冲击持续的天数,以及相关商品的地理集中程度。见下文,进一步了解地理集中程度。

3. 将最大赢家和最大输家的列表放在手边。在整本书中,我们制作并讨论了大量表格,列出了各种极端天气事件中各种商品的最大赢家和最大输家排名。但是即便是最聪明的人,可能也很难记住所有的表格内容。因此,最好是将这些表格放在手边,以便在下一个极端天气事件发生时及时查阅。这些表格不仅提供了上市公司的名字和受益的金融市场,还显示了每种商品的全球分布情况。这些数据非常重要。举个例子来说,科特迪瓦的可可豆供给冲击就非常值得关注,因为这一地区出产的可可豆占全球总量的 37%。如果这部分供给消失了,特别是很长一段时间都无法恢复,就会极大地影响可可豆的价格走势。

4. "交好运"商品常常打败"大麻烦"商品。两者在其他方面都差不多,但"交好运"商品对供给冲击的反应往往更强烈。这是事实,因为"交好运"商品的供求状况已然十分紧张,供给冲击只是加剧了这个已然紧张的状况。但是这个规则有一个例外,就是"大麻烦"商品也可能会有较大的冲击值(供给冲击持续的天数)。例如,在卡特里娜飓风事件中,天然气的价格在卡特里娜飓风过后5个月内上涨了99%。在冲击值内,极端天气事件会持续对商品价格施加上涨的压力。但是,一定要注意到,在2005年春卡特里娜飓风发生时,天然气还属于"中性"商品,而不是现在的"大麻烦"商品,因为当时页岩气革命还没有全面展开。然而,之前对"交好运"商品通常会受益的判断也仍然有效。

5. 决定投资的入场时间。首先,要保持耐心。作为一名"极端天气"投资者,问题不在于是否有很多极端天气事件发生,而是这些极端天气事件何时发生。我们想要等待"完美风暴"[①](perfect storm),可以这么说。具体而言,最有利的投资是那些可以满足以下大部分条件甚至全部条件的投资:

a. 地理集中度。地理集中程度越高,就越有利。比如,就全球产量的地理集中度而言,可可豆优于金属镍。同样的,玉米在这方面也优于金属锌。你会意识到要评估一个发生全球气候冲击的地区,将最大赢家和最大输家的表格放在手边是多么重要。

b. 冲击值。在发生某类极端天气事件时,要查看这类极端天气事件的历史冲击值(供给冲击通常持续的天数)。请记住,时间是我们的朋友。

---

① 意指单独发生时没有太大危险性但如果一并发生就会带来灾难性后果的事件组合,俗话说就是好几样坏事一块儿赶上了。——译者注

冲击值越大,对我们越有利。还要记住,正如我们之前谈到的,冲击值有时还有有利的二次效应,可以扩展冲击值。例如,当某种谷物遭遇供给冲击导致谷物的价格上涨时,政府就会颁布这种谷物的出口禁令,这是非常常见的一种做法。政府的意图很简单,就是确保本国人民能够买到这种商品。但是,这种做法的结果就是二次供给冲击。很多时候,这种出口禁令对供给的打击远远高于最初的干旱。所以,干旱本身可以作为政府行为以及随之而来的相关商品另一波涨势的先行指标。

c. 择时。择时很重要并且具有挑战性,不过冲击值越高,择时就越容易。有一个关键点一定要记住,就是根据经济学基础理论,供给冲击通常会导致价格走高。有趣的是,商品的价格偶尔会在供给冲击后一段时间内走低(比如,天然气的价格在卡特里娜飓风过后的前两周内走低,但是在之后的5个月内又上涨了99%)。这种情况通常意味着更好的买入价。所以,在供给冲击的最初阶段,不要不顾一切地冲进市场。要观察价格的波动方向。如果价格最初是下跌的,那么一旦价格在再度回升之前稳住了,就很可能意味着一个更好的买入机会出现了。

d. 最佳的市场周期。通常来说,商品的价格非常不稳定。即使在供求基本面持续走强(越来越供不应求)的情况下,商品的价格仍然是震荡的。理想情况是,我们在商品价格最近的回撤底部入场,特别是如果我们交易的商品是"交好运"商品并且很可能从目前的回撤底部回升时。"极端天气"投资机会出现的时间与商品价格最近的回撤底部吻合时,就是最理想的投资机会。同样的,在市场的市盈率倍数处于低点时入场,也有助于提高交易的成功率。

6. 投资的出场时间。下面列出了"极端天气"投资的多个出场理由:

第8章 现实案例：交易机会和择时

a. 理想情况是，在供给冲击结束前了结头寸。要预测供给冲击开始和结束的时间通常很难，但是还是有一些线索可循。比如，在大洪水情况下（比如澳大利亚东部遭遇洪水），市场参与者们会公开预测相关商品的供给冲击会持续多长时间。你必须关注这类信息，在听取了多方意见后得出自己的结论。如果大部分人都认为这次洪水供给冲击会持续4个月，就计划在这个期限之前出场。你首先需要关注的是那些成为此次事件最大输家的公司的意见。他们在此灾难中首当其冲，因此能更准确地评估问题解决所需的时间。他们也可能是发表相关意见最多的公司，因为他们要试图缓解其投资者的忧虑。

b. 发现预测错误时立即出场。例如，如果一个极端天气事件满足了之前讨论的"完美风暴"的全部条件，你根据对这个事件的预测进场建立了头寸，但是在进场这个交易日快结束时预测还没有被证明是正确的，就立即了结头寸。这类交易本质上是由事件驱动的。如果事情并不如预期那样发展，就立即平仓出场。

c. 关于出场过早的思考。我们假设有一种"交好运"商品遭遇了极端天气事件，大部分人估计这次事件的冲击值是9个月。你进场建立了头寸，很高兴看到不仅相关商品的价格在上涨，而且你选择的金融工具（也就是股票、债券或期货合约）也在上涨。假设在投资的第4个月，你已经获得了非常可观的回报。在这个时候了结头寸没有任何问题，即使此刻价格看起来可能还会继续上涨一段时间。贪婪总是危险的情绪。但是，有一些人可能会选择继续持有头寸一段时间。记住，如果你在这种情况下决定继续持有头寸一段时间，那么有3个条件应该保持不变：(1) 在预期的供给冲击结束日之前还有大量时间，(2) 极端天气事件已经按照预期发生了，

（3）商品价格的技术面坚挺。换句话说，前两个条件可能保持不变，但是如果商品价格有"放弃"的迹象，就是出场的时候了。

7. 季节性交易双面有效。当面对的是"交好运"商品，并且是在季节性气候冲击情况下买入时，这种季节性交易最有效。类似的，当面对的是"大麻烦"商品，并且避开成为季节性气候冲击中最大输家的上市公司股票，这种季节性交易也同样有效。这两种情况各举一个例子，将有助于理解。

a. 在特定季节开始前买入股票。如前所述，商品盐属于"交好运"商品。另外，当进入冬季或者冬季结束后又再度降温时，也会看到道路盐的生产商——康巴斯矿业公司的股票价格上涨。过去，这种价格形态一直重复出现，因为盐目前属于"交好运"商品，并且道路盐的需求会季节性地上涨，而最近冬季的极端严寒天气已成为常态。所以，就像过去一样在冬季到来前买入这家公司的股票会获得成功。之前讲过，如果预期的暴风雪没有随着冬季的到来而到来，就结束投资。

b. 在特定季节开始前避开特定公司的股票。让我们以飓风季节的独立天然气生产商为例。我们已从行动计划表中了解到，有些公司位于飓风走廊的资产比例较高。所以，本例的要点就是在飓风季节期间避开这些公司的股票，同时重点买入飓风季节中的最大赢家股票，这些公司只有很少部分资产位于飓风走廊。

8. 避开输家。这里的"输家"指的是两种不同类型的输家。第一类输家是那些需要购买的商品正在涨价的公司。比如，当白糖的价格正在上涨时，就要避免购买好时公司的股票。后面的第9章"两边下注"提供了这种买家-消费者关系的完整表格。在任何情况下，只要商品的价格在上涨，就要避开需要购买这一商品的公司。我们避开这种消费者类公司，是因为我们知道这些公司最初会经历生产成本上涨的压力，因此，他们的股票价格会剧烈震荡。

第二类输家是本书提供的行动计划表中的输家。这第二类输家是最大赢家的全球性竞争者。他们直接遭受全球气候冲击，因而无法继续生产或运输产品。即便供给冲击导致商品价格上涨，他们也无法从中获得好处，因为他们没有商品可卖或者无法卖出商品。

可以参见第9章，了解更多同时做多（买入）和做空（卖出）这些赢家和输家的机会。

9. 买入输家股票有时也是可以的。在整本书中，我们制作并讨论了很多最大输家和最大赢家的行动计划表。那么，可以买入表中的输家股票吗？这是一个有利可图的交易方法，但是用的时候一定要小心。在一种情况下，可以买入输家的股票。我们假设面对的是一种"交好运"商品，并且这一商品的主产区遭遇大规模全球气候冲击。这两个因素导致这一地区的主产者成为了最大输家。虽然这家公司会进入一段时间的艰难时期，因为无法生产或运送他们的产品并且无法从商品的涨价中获利，但是长期看来这也是一个投资机会。这里的关键假设是我们面对的是"交好运"商品和实力雄厚的大公司。由于商品的基本面前景良好，所以，当供给冲击结束后，这家公司的股票价格一定会在最初的下跌后再度回升。这更多的是一种极端天气投资的高级技术。

10. 要确定极端大气事件发生的准确地点和影响程度。这个规则是强调我们在这里谈论的极端天气事件。这也是我们要提供大量案例的原因，这些案例可以帮助你理解那些导致商品价格变化，从而导致金融市场波动的各种事件的量级。你不需要每次一听到暴雨的预告就买入相关的期货合约。请记住，这是我们提供大量最大赢家和最大输家的投资列表的主要原因。这些表格可以让你快速知晓主要的极端天气投资机会，你可以一直将这些表格放在手边。

作为一名"极端天气"投资者，现在是时候分析极端天气发生的具体位置了。假设我们听到大范围霜冻天气即将袭击南部的预报。这时，你要立即查看本书讨论霜冻的那部分内容，并快速判断出橙子讨厌霜冻天气，而橙子期货就是潜在的投资工具。之后，从我们的"最大赢家/输家"表中知道，美国是全球橙子的主要生产国，其中的佛罗里达生产了美国80%的橙子。所以，如果天气预报中的"南部"指的是得克萨斯或其他不相关的地区，就对我们的"橙子"投资没有帮助，因为得克萨斯不像佛罗里达一样是橙子的主产区。现在，我们假设大范围的霜冻天气袭击佛罗里达。这时，我们的投资就有戏。你的任务是进行一些研究并判断霜冻天气袭击的具体位置，特别是这次霜冻天气是否袭击佛罗里达的橙子种植区域。如果结果是这次极端天气事件会袭击橙子的主产区，你就获得了一次很好的投资机会。每一次进行"极端天气"投资时，都一定要做这种地理位置分析。

11. 公司债券有时是一种长期投资工具。正如第 2 章"投资品种：股票、债券或期货"讨论的，债券的回报率往往低于我们可以从股票市场或期货市场获得的回报率。不过，债券的价格通常比较稳定，因此从风险的角度说，债券也是一种较有吸引力的投资品种。即使极端天气事件导致某家公司的股票价格显著上涨，但这家公司的债券价格仍然不会出现剧烈波动。然而，极端天气事件可能会使这些最大赢家的公司债券出现不错的买入点。另外，如果这个最大赢家公司生产的是"交好运"类商品，那么我们的债券投资就会成为一项相对长期的投资，即使全球气候冲击或极端天气事件结束了，这项投资都还继续有效。可以见第 11 章 "债券市场的机会"，了解选择公司债券的关键因素。

12. "碳排放税"的短期投资机会有限。说到"碳排放税"投资，它的短期投资机会十分有限。碳排放税对会产生碳排放的公司的影响，需要数年时间才会显现。另外，这些碳排放公司通常会将碳排放税的成本直接转嫁到下游的消费者身上，因此，碳排放税对公司收益的影响相对较小。出于这些原因，作为"极端天气"投资者，我们应该把注意力放在本书讨论的容易实现的投资机会上。见第 9 章了解更多关于碳排放的信息。

13. "森林火灾"投资首先就是避开那些受影响的公司。在整本书中，我们制作了很多最大赢家和最大输家的行动计划表。一般来说，我们的目标是购买最大赢家的股票。但是，在森林火灾情况下，我们的目标是避开最大输家，并且也不购买任何森林所有者的股票。这种回避策略是因为森林所有者的森林资产通常分散在多个州内。见第 7 章 "全球气候冲击五：干旱引发森林火灾"，了解这个领域的更多信息。

14. 有时候需求上涨不是供给冲击驱动的结果。有时候，极端天气事件会导致商品的需求上涨，但是与本书的主题相反，即供给冲击不是主要驱动者。之前已经讲过，道路盐就是这种现象的一个很好的例子，道路盐的需求都是在暴风雪期间上涨。

15. 期货市场获胜的原因是它们不在乎极端天气事件发生在哪里。不管全球气候冲击是否发生在主要矿产区，或者是否波及到某一全球性农产品，期货市场总是赢家，不管供给冲击发生在哪里。这就让期货市场的投资比股票市场更简单，因为期货市场只关心相关商品的价格，而股票市场就需要考虑其他很多因素，比如投入成本、管理人员变动、罢工，以及其他很多因素。

16. 存在很多次级投资机会。整本书中提出了很多投资观点。这些投资观点不只聚焦于供给冲击的首要受益者，也提出了与这些供给冲击首要受益者的股票价格高度相关的其他受益者。不错的例子就是那些矿业和农业的设备生产商。这些次级投资机会有助于将你的投资组合多样化，但是我们的首要目标还是极端天气事件和全球气候冲击的直接受益者。

17. 即便没有发生极端天气事件，"交好运"商品仍然是不错的投资对象。我们现在正处在商品世界发生精彩碰撞的历史性时刻。一方面，全球对商品的需求强劲，特别是中国、印度、巴西和俄罗斯等地区。另一方面，商品的供给有限。有趣的是，这是很多商品面临的状况，使得这个领域的投资非常具有吸引力。因此，即使没有发生全球气候冲击，这些商品也可作为不错的投资对象。

之前已经讲过，即便"交好运"类商品的基本面强劲，但它的价格也会发生周期性的波动。不管我们讨论的是相关期货合约的价格还是相关商品生产者的股票价格，都可以看到这种波动。因此，可以得出简单结论：（a）"交好运"商品一般可以作为长期投资的对象，（b）由于价格不断起伏，我们应该在价格回调之后的某个时点进场投资这类商品。

第 9 章　两边下注

在股票市场上，只要有赢家，就一定有输家。只要有输家，就一定有赢家。我们会利用这一点来两边下注。我所谓的两边下注，就是在买入赢家股票的同时卖出输家的股票。怎么样操作呢？继续往下读。

举几个例子将有助于阐释这个问题。白糖价格上涨对糖农以及白糖期货持有者来说是好消息，但对好时公司和可口可乐公司这样的白糖购买者来说，就是坏消息。所以，在这种情况下，赢家就是白糖的价格，输家就是好时公司和可口可乐公司的股票价格。

再举一个例子，当"大麻烦"商品，比如天然气，因为新的水平钻井技术导致供给大幅增长，而使天然气价格大幅下跌时，这对天然气生产者来说就是坏消息，但对包括化学公司和化肥生产者在内的天然气购买者来说，就是大好消息。

这种输/赢的相互关系不只发生在商品的买家和卖家之间。这种输/赢的相互关系还会发生在竞争对手之间，尤其是在全球气候变化引发的供给冲击期间。回想一下我们在本书中制作的那些最大赢家和最大输家的列表。注意，这些列表中的输家不会从赢家那里购买任何东西。他们是竞争对手。不管这种输/赢的相互关系是发生在买家和卖家之间，还是发生在竞争对手之间，我们都可以通过买入赢家或卖出输家，或者在买入赢家的同时卖出输家来赚钱。

在我们通过具体的案例证明这一方法的有效性之前，让我们先来谈谈为什么在这个世界上，我们可以同时买入并卖出两家不同的煤炭公司（以煤炭公司为例）。首先，是的，卖出一只你并不持有的股票是可行的。这种交易称为卖空。它只是与投资者通常的交易方式相反。通常情况下，投资者是先买入一只股票，之后在某个时点再卖出这只股票。我们这样交易时，是希望股票的价格可以上涨，这样我们买低卖高，就可以赚得差价。卖空只不过与这个交易相反。我们卖空，是因为我们认为股票的价格会下跌，所以我们今天将股票卖出，之后在较低的价格再将股票买回来（其实就是你先从别人那里借入股票然后卖出，在股票价格下跌后，就到市场上以下跌后的价格买入股票，再将股票还给之前借给你的人）。当我们完成整个交易时，实际上也是在买低卖高。唯一的区别是我们必须先卖出，因为我们认为股票的价格会下跌。这种卖空交易很容易在线进行，因为"借入"股票的行为是自动进行的，不需要你亲自去找别人借。你只需要在你的交易账户上点击"卖"和"买"键，就可以了。

好吧，回到之前的问题——为什么要同时买入并卖出两家不同的煤炭公司（以煤炭公司为例）。我的意思是如果市场整体是向上的，是否意味着你买入的股票会赚钱，卖出的股票会亏钱，而最终导致整个交易的净利润为零？如果我们挑选的两家煤炭公司属于同一类型的煤炭公司，那么结果就会是这样。但是，这可不是我们的目标。我们是要买入赢家并卖出输家，这正是本书极力阐述的一个观点。这种交易方式让我们可以双面赚钱。另外，同时买入和卖出还有一大好处。我们假设某天整个股票市场发生崩盘式下跌。如果我们只买入了赢家的股票，那么整个市场崩盘一定会连累我们的赢家股票，我们就会亏掉很多钱。但是，如果我们在市场上同时买入和卖出股票，那么当市场崩盘时，虽然我们买入的股票会亏钱，但我们卖出的股票会赚钱。也就是说，我们进行了对冲，可以预防大盘跳水，就像购买了一份保险。所以，即使在市场崩盘的情况下，我们仍然可能赚钱，因为我们买入的赢家股票会相对较为坚挺，而卖出的输家股票会对崩盘特别敏感，因为它同时还面临着严重的全球气候冲击，比如煤矿遭遇洪水。现在，我们已经明白了为什么要同时买入并卖出股票了，让我们再看一些具体的案例，看怎么利用本书中的最大赢家和最大输家列表赚钱。

炼焦煤案例

这个炼焦煤的例子很有时效性，因为在写作本书时，澳大利亚东部的煤矿正淹没在洪水之下。这是一个极端天气类供给冲击的完美例子。所以，我们该如何利用这个之前制作的赢家/输家表格呢？（见表9-1）

表9-1 针对炼焦煤的行动计划

资料来源：公开资料

	洪水发生地：澳大利亚东部	洪水发生地：加拿大西部	洪水发生地：美国东部
最大赢家(排名)	沃尔特能源(80%)	麦克阿瑟煤炭(94%)	麦克阿瑟煤炭(94%)
	泰克资源(50%)	斯特拉塔(15%)	泰克资源(50%)
	阿尔法自然资源(13%)	必和必拓(12%)	必和必拓(12%)
		阿尔法自然资源(13%)	斯特拉塔(15%)
		英美资源(12%)	英美资源(12%)
		力拓矿业(10%)	力拓矿业(10%)
		皮博迪能源(10%)	皮博迪能源(10%)
最大输家(排名)	麦克阿瑟煤炭(94%)	沃尔特能源(80%)	沃尔特能源(80%)
	斯特拉塔(15%)	泰克资源(50%)	阿尔法自然资源(13%)
	必和必拓(12%)		
	英美资源(12%)		
	力拓矿业(10%)		

我们首先要确定表 9-1 中的洪水发生地是哪里，本例中就是澳大利亚东部。所以，一旦确定了洪水发生地，我们就可以找出最大赢家和最大输家。请记住，表中的最大赢家和最大输家都进行了排名。因此，买入最大赢家（比如，沃尔特能源）并卖出最大输家（比如，麦克阿瑟煤炭），就可以将资金发挥最大效用，获得最大收益。正如预期，在 2010 年 11 月（刚好在洪水发生之前）到 2011 年 2 月期间，沃尔特能源的股价上涨 42%，随后的泰克资源（第二大赢家）股价上涨 39%，而麦克阿瑟煤炭（最大输家）的股价在这段时间上涨 0%。你可能会对自己说，"所以为什么要多此一举地去卖空麦克阿瑟煤炭的股票呢，它的股价根本没有下跌啊？"答案是你可以根据自己的判断做出选择。如果你强烈看涨市场，就只买入赢家股票好了。如果你想要增加保险，预防股票市场意外大跌，就在买入赢家股票的同时卖出输家股票，这样就可以安心入睡了，并且在这种情况下，你仍然可以从投资中获得 42% 的回报。在写作本书的时候，沃尔特能源正在收购另一家煤炭公司，所以如果我们选择购买泰克资源而不是沃尔特能源，也可以获得 39% 的回报。

铁矿石案例

炼焦煤案例的优势在于全球气候变化和极端天气事件已经发生，所以我们有一些确切的数据可以研究。而铁矿石案例的魅力在于我们已经做好了准备工作，可以随时应对大洪水破坏铁矿石生产事件。让我们来看看铁矿石的赢家/输家列表（表 9-2）。

表 9-2 针对铁矿的行动计划表

资料来源：公开资料

	洪水发生地：澳大利亚西部	洪水发生地：巴西	洪水发生地：印度
最大赢家(排名)	克里夫斯自然资源(89%)	弗特斯克(100%)	弗特斯克(100%)
	淡水河谷(61%)	克里夫斯自然资源(89%)	克里夫斯自然资源(89%)
	韦丹塔(15%)	力拓矿业(28%)	淡水河谷(61%)
		必和必拓(21%)	力拓矿业(28%)
		韦丹塔(15%)	必和必拓(21%)
最大输家(排名)	弗特斯克(100%)	淡水河谷(61%)	韦丹塔(15%)
	力拓矿业(28%)		
	必和必拓(21%)		

如图所示，当澳大利亚西部铁矿被大洪水淹没时，就准备好看到克里夫斯自然资源和淡水河谷的股票价格上涨，弗特斯克的股票价格下跌吧。这是一对完美的做多/做空组合（做多就是买入股票，做空就是卖出股票——我知道，这是一种投资术语）。也就是说买入克里夫斯自然资源股票，并卖出弗特斯克股票。再强调一次，如果你对整体市场强烈看涨，你就不必通过卖出弗特斯克股票来保护投资，只买入赢家股票就好了。

铜案例

与铁矿石案例相似，我们会用和铁矿石和炼焦煤相同的方式来利用铜的赢家/输家列表进行投资，见表 9-3。只要极端天气类型的供给冲击袭击智利或秘鲁，就可以直接买入赢家股票并卖出输家股票。

表9-3 针对铜矿的行动计划表

资料来源：公开资料

	洪水发生地：智利	洪水发生地：秘鲁
最大赢家（排名）	铜期货市场	铜期货市场
	南方铜业（70%）	弗里波特·麦克莫兰（80%）
	弗里波特·麦克莫兰（80%）	
最大输家（排名）	斯特拉塔（40%）	南方铜业（70%）
	英美资源（39%）	斯特拉塔（40%）
	力拓矿业（14%）	英美资源（39%）
	必和必拓（13%）	必和必拓（13%）
		力拓矿业（14%）

农田干旱/洪水案例

如果玉米或大豆的种植区域遭遇严重的干旱（就像最近俄罗斯的小麦种植区域遭遇干旱一样），谷物的价格就会大涨，而相关的农用物资也会受益，包括化肥、种子和农药。但是，如果你观察表9-4的赢家/输家列表，你会发现没有输家可以让我们做空。这是因为这种情况下的输家只有直接遭遇洪水或干旱的农田，而我们没有市场可以利用它们获利。但是，不要担心——创造力会打败一切。你有两种方式可以选择：（1）只买入表中最大赢家的股票，（2）如果你想通过建空仓来保护交易，你可以做空标普500指数（代码SPY），这种交易称为做空市场。

表9-4 针对农田的行动计划表

资料来源：公开资料

	农田干旱/洪水
最大赢家（排名）	商品期货市场（100%）
	孟山都（100%）
	先正达（100%）
	加拿大钾肥（100%）
	美盛（100%）
	加阳（100%）
	CF工业（100%）
	雅苒（100%）
	乌拉尔钾肥（100%）
	西利维尼特（100%）
	杜邦（29%）
	富美时（40%）
	科聚亚（13%）
	陶氏化学（10%）
	巴斯夫（6%）
最大输家	遭遇洪水/干旱的农田

注意：公司后面括号内的数字是化肥、种子或农药占公司总收入的百分比。

其他的配对交易

之前已经讲过，其他还有很多配对交易，但是这些交易承载的风险太高，因为它们涉及两个完全不同的行业。我们将提供一个案例以便你理解这种交易，我也会提出一些警告。但是在深入这些交易之前，我会推荐先学习第10章"商品投资的基本原则"，以加强对股票估值的理解。

接下来，我们会讨论一个"白糖与巧克力"的案例。之后我们会提供其他很多配对交易（见表 9-5），以及对这些配对交易的操作建议。

表 9-5 其他配对交易

资料来源：公开资料

涨价的商品	受负面影响的种类	亏损的商家例子
白糖	碳酸饮料和巧克力	好时，可口可乐，百事可乐
玉米	肉、食品、燃料	通用磨坊，家乐氏，皮尔格林，可口可乐，太平洋乙醇，百事可乐，泰森食品，桑德森农场，荷美尔食品，史密斯菲尔德
咖啡豆	咖啡	莎莉集团，星巴克
可可	巧克力	好时
小麦	食品/饮料	安海斯-布希，喜力啤酒，家乐氏，通用磨坊
天然气	化学品/化肥	CF 工业，雅苒，西湖化学
镍	不锈钢	AK 钢铁
炼焦煤	碳钢	AK 钢铁
铁矿石	碳钢	AK 钢铁
纯碱	玻璃生产者	欧文斯-伊利诺伊，PPG
铅	汽车电池生产者	埃克塞德，江森自控
棉花	服装	恒适，耐克，The Gap，美国鹰，Aeropostale
钢铁	汽车生产商/建筑	通用，福特，本田
铝	汽车生产商/建筑	通用，福特，本田
石油	航空公司，塑料生产者	西南航空，达美航空，捷蓝航空，联合大陆航空，高乐氏
牛肉	牛肉零售商	麦当劳，Jack in the Box

白糖与巧克力案例

之前已经讲过,白糖是生产巧克力的关键原料之一。如图 9-1 所示,白糖的价格在过去 6 个月上涨了 59%,但是好时公司的股票价格只上涨了 12%——这段时间的标普 500 指数都上涨了 20%。这表明这段时间的白糖价格可能影响了好时公司的股票价格(股票代码 HSY)。

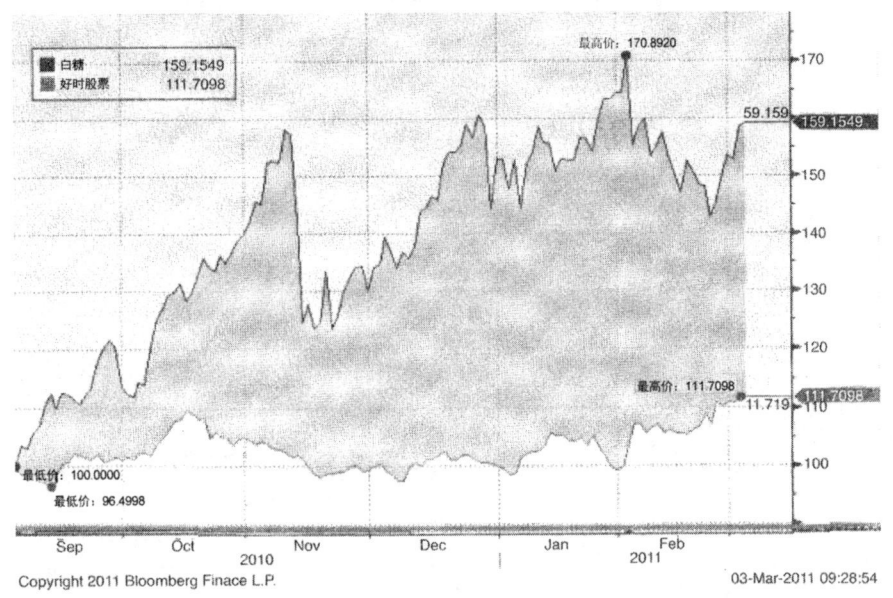

资料来源:经彭博通讯社许可使用

图 9-1 从 2010 年 9 月到 2011 年 2 月,白糖价格与好时公司的股票价格走势。

为了让你了解这类配对交易的多种交易机会,我们制作了表 9-5。为了方便,相关公司的股票代码列在了表 9-6 中。

表 9-6　各种配对交易的股票代码

资料来源：公开资料

上市公司	股票代码	上市公司	股票代码
好时（Hershey）	HSY	PPG	PPG
可口可乐	CCE	埃克塞德	XIDE
百事可乐	PEP	江森自控	JCI
通用磨坊	GIS	恒适	HBI
家乐氏	K	The Gap	GPS
皮尔格林	PPC	美国鹰	AEO
史密斯菲尔德	SFD	Aeropostale	ARO
太平洋乙醇	PEIXD	通用	GM
泰森食品	TSN	福特	F
桑德森食品	SAFM	本田	7267 JP
荷美尔食品	HRL	西南航空	LUV
莎莉集团	SLE	捷蓝航空	JBLU
星巴克	SBUX	联合大陆航空	UAL
安海斯-布希	ABI BB（BUD）	达美航空	DAL
喜力	HEID NA	高乐氏	CLX
CF 工业	CF	麦当劳	MCD
雅苒	YAR EU	Jack in the Box	JACK
西湖化学	WLK	欧文斯-伊利诺伊	OI
AK 钢铁	AKS		

如表所示，有非常多的配对交易机会。问题是我们如何利用这个表格中的配对交易呢？作为"极端天气"投资者，我们的首要投资目标是那些全球气候冲击带来的投资机会。这是本书各个章节制作大量行动计划表的原因。这种配对交易（也就是在买入一只股票的同时卖出另一只股票）的难点在于，很多时候"消费者"（下游生产者）可以非常有效地解决其主要消费品（原材料）涨价的问题。因为他可以将增加的成本全部转嫁到他的下游"消费者"身上，这样，他就不再是输家。不过，有时他也不能完全提高自身产品价格以转嫁成

本，所以他的利润和股票价格都会相应降低。他是否可以完全转嫁成本，取决于他所处行业的基本面前景。不过，很难预测生产商能否成功提高产品价格以转嫁增加的成本，所以利用这一表格的最好办法是采用我称之为股票回避（stock avoidance）的方法。

比如，如果我们发现科特迪瓦遭遇了大规模全球气候冲击，那么根据我们的行动计划表，就立刻知道可可的价格会飙升，因为全球近40%的可可产自科特迪瓦。我们可以参与的投资就在可可期货市场。虽然好时公司的股票价格会因此遭受重创，但这并不意味着我们一定要做空他们的股票。相反，我会建议将这个配对交易表格作为股票回避的指南。所以，在这个例子中，我们的行动计划就是避免购买好时公司的股票，因为我们知道这只股票的表现很可能逊于整个大盘的表现。可以将这个配对交易表格当作避开"地雷"的指南。掌握这个表格，将有助于避免一些意外错误，比如买入直接遭受极端天气事件打击的公司股票。

对碳排放税的思考

《京都议定书》的目标是减少大气中二氧化碳和其他温室气体的含量，虽然美国拒绝批准《京都议定书》，但是减排仍然是大势所趋。在政府颁布碳排放税的预期下，很多公司已经开始研发减排技术，但也有很多公司没有着手准备。要完全实现零排放是很困难的。比如，发电厂就可能遇到某种碳排放税，因为美国发电的首要燃料源是动力煤。煤的主要成分是碳。当发电厂烧煤发电时，主要排放物就是二氧化碳。这些电力公司是二氧化碳的最高排放者。然而，当提到针对碳排放税的股票交易（挑选股票）时，它不像全球气候冲击带来的股票交易（挑选股票）那么简单。"碳排放税"交易难度高的主要原因是，市场普遍认为（1）碳排放税对公司的影响要很多年才会显现，（2）大部分税费会直接转嫁给下游像你和我这样的电力消费者。出于这些原因，我们要选择那些全球气候冲击带来的较容易实现的交易机会。

第 10 章　商品投资的基本原则

整本书的重点是指出在越来越频繁出现的各种极端天气事件中，会受益和受损的具体行业和公司。在本章中，我们会讨论投资任何商品的基本原则，为利用全球气候变化带来的投资机会获利最好准备，并且更准确地为投资择时。（也可以参见第 8 章的"现实案例：交易机会和择时"，获得更多关于择时和交易策略的看法。）

首先，为什么我们的焦点集中在商品呢？嗯，先让我们来看看与"极端天气"投资有关的商品的定义。

定义：商品

包括金属、谷物、食品、矿产品和能源在内的大宗产品和基本原材料，它们都属于自然资源，部分可在期货市场交易。它们的价格取决于供给和需求的力量，但是也对极端天气事件引发的供给冲击特别敏感。

在看这个定义时，我们可以看到它提到了金属、谷物、食品、矿产品和能源，这些种类都会直接受到伴随全球气候变化而来的极端天气事件的影响。其次，从这个定义中，我们还看到商品的价格会受到供给和需求变化的影响。全球气候变化的主要影响之一就是它会引发供给冲击。由于这些供给冲击会导致商品的价格上涨，它们就与上涨的期货价格、股票价格和债券价格直接相连，因此成为了我们赚钱的好机会。

现在，我们已经理解了商品的概念，让我们再看看商品投资的基本原则。我们会讨论的关键原则包括基本的供给/需求，周期性走势，择时策略和其他基本投资规则。

基本的供给和需求

我们已经触及了供给和需求变化背后的情绪问题及其对商品价格的影响，但是我们会在讨论中增加一些关键点。之前已经讲过，最理想的投资是购买归入图 10-1 中"交好运"象限的商品。

	供给增加	供给减少
需求增加	中性	交好运
需求减少	大麻烦	中性

图 10-1　商品类别

这一商品类别的市场情绪高昂，购买者愿意支付更高的价格来购买这些商品，因为他们担心商品的供给不足。这就会导致这些商品的价格上涨，商品生产者的利润上升。市场普遍认为购买收益快速增长的上市公司股票是一件好事。但是，关键问题是你如何知道相关商品是属于"交好运"商品还是"大麻烦"商品。答案很简单，就是上网搜索查看公开的研究资料，看各种商品的分析师发布的分析报告。所以，一种商品是处于供给不足状态还是供给过剩状态，都是现成可查的信息。例如，目前铜的供给紧张，而天然气的供给过剩，就是普遍知晓的信息。查看公开研究报告永远是不错的研究起点。如果某个报告的观点与其他多重渠道的资料相符，你可以直接采纳，或者你也可以到网上验证这一观点。通过搜索引擎来验证相关信息非常简单方便，因为上市公司喜欢公开宣布其增加产能（供给）的决定和计划。他们公开宣布的目的是想吓退其他也打算增加产能的潜在竞争者。另外，还有一些独立的组织和个人也在追踪市场产能增加的情况。很多时候，即使市场需求并没有那么旺盛，也会有多家公司同时增加产能。擅长数学的读者很容易确定这些供给增加的数量，然后拿来与预期的需求增加数量做比较，看哪个增长更快。这种分析的结果就是判断出商品应该属于图10-1中哪一类，是"交好运"商品，"大麻烦"商品，还是"中性"商品。

不过幸运的是，我们正处在很多商品同时拥有美好前景的时代，它们的美好前景都是基于很长一段时间全球的需求都很强烈，但供给却非常有限的状况。目前，基本面最强劲的商品包括铜、玉米、大豆、炼焦煤和铁矿石，而供给/需求状况最糟糕（供过于求）的商品是天然气，这个之前已经阐述过。

理解股票价格和周期中的数学

决定上市公司每股股票的价格的公式是收益（E）乘以市盈率（P/E），即

$$E \times P/E = P$$

在这个计算公式中，收益与市盈率相乘，就会销掉收益，最后剩下的就是每股股票的价格。让我们举例说明。我喜欢以杜邦（国际化工公司）为例，虽然他们的财务报表中也没有什么有趣的数据，但是他们是周期性化工公司的典型代表。我们来看看他们过去十几年的收益，市盈率以及股票价格情况，如表

10-1 所示。

表 10-1 杜邦公司的收益和市盈率

资料来源：公开资料

杜邦	收益	市盈率	价格
1999	2.58	25.53	65.87
2000	2.73	17.70	47.32
2001	1.19	35.72	42.51
2002	2.00	21.20	42.40
2003	1.66	27.64	45.88
2004	2.38	20.61	49.05
2005	2.34	18.16	42.49
2006	2.88	16.91	48.70
2007	3.28	13.44	44.08
2008	2.78	9.10	25.30
2009	2.03	16.59	33.68
2010	3.28	15.21	49.89
目前	3.28	16.68	54.71

在我们深入研究表中的数据之前，首先会注意到表中几个地方。我们可以看到杜邦的收益在两次经济衰退中都坠入了谷底，尤其是 2001 年和 2009 年。这是典型的收益表现。另外，我们还可以看到杜邦目前的收益发生了强力反弹，现在正处于十年收益的最高点。如果将这些数据绘制成曲线图，将看得更清楚（见图 10-2），因为曲线图可以更好地表现出这种典型的周期行为。

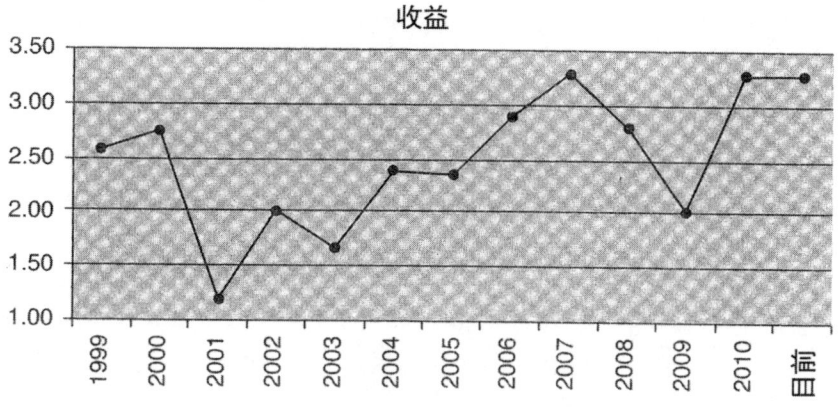

资料来源：公开资料

图 10-2　杜邦公司的每股收益

你可以看到在每次经济衰退之前，杜邦公司的收益表现都很出色，在经济衰退期间，收益就会跌落谷底，但是经济复苏时，又会像上了发条一样恢复（至少像杜邦这样的大公司就会恢复）。目前，杜邦公司的收益就处在10年的最高点。

市盈率（价格/收益）的数据就比较难理解一点。可以把它看作一听可乐的价格。我的意思是你愿意为每听可乐支付多少钱？市场也会这么问自己，我们愿意为杜邦股票赚的每一块钱收益支付多少钱。如果这个收益增长很快，市场通常愿意为每一块钱收益支付更多钱，但是如果这个收益增长很慢，市场愿意为每一块钱收益支付的数额就会降低。遗憾的是，市场现在愿意为杜邦的每一块钱收益支付的数额比过去有所降低。我们将表10-1中的市盈率数据拿出来绘制成曲线图（图10-3），可以看得更明白。

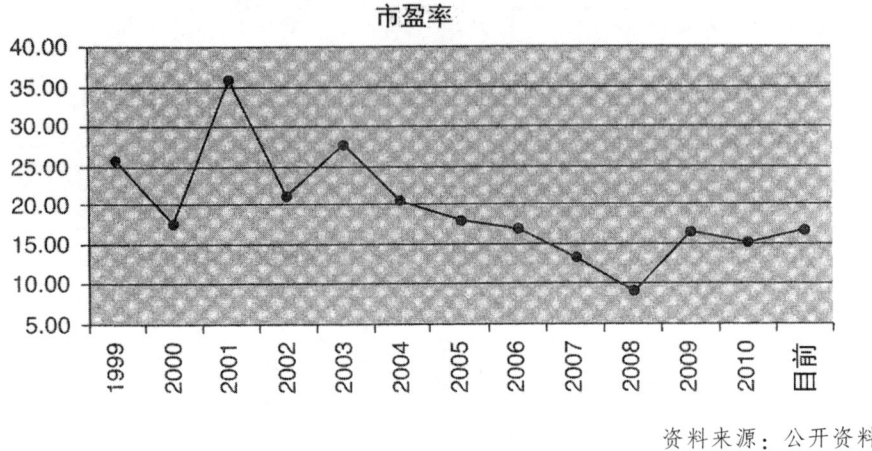

图 10-3 杜邦公司的市盈率

你可以看到，在 2004 年以前，市场愿意为杜邦公司的每一美元收益支付 25 美元，但是从 2005 年开始直到今天，市场的支付意愿再也没有超过 20 美元，事实上，市场目前的支付意愿只有 17 美元。这不只是杜邦一家公司面临的问题，很多标普 500 指数成分股公司都面临这一问题。每当你投资某种商品或者任何一只周期性股票时，你都要问自己，"我们正处于经济周期的哪个阶段？"目前的答案是我们正处在股票市场于 2009 年初触底后的第 3 年，也就是说我们正处在全球经济大衰退的复苏时期。这种复苏态势将使杜邦公司的收益扩大，因为公司销量会增长，而且还会受益于经济衰退带来的成本降低。但是，目前美国的失业率仍然高企，欧洲陷入债务危机，而中国有意放缓经济增长速度。所以，尽管各方面条件已相对经济谷底时期有所改善，但仍未摆脱经济衰退后遗症，因此，市场不愿意为高市盈率买单。

但是，一旦全球经济增长速度保持上升趋势，一家周期性的化工公司就有机会通过两种方式来提高股票价格。一，公司的收益会随着销量上升而上升；二，市盈率会因收益增长率提高而提高。收益上升加上市盈率提高，将使股票的价格快速上涨。为了更深刻地理解这个问题，假设市场像过去一样仍然愿意为杜邦的每一美元收益支付25美元，那么杜邦的股票价格将是82美元/股［25美元×3.28美元/股（收益）= 82美元/股］，而不只是现在的55.99美元/股。这意味着杜邦目前的股价还有46%的上涨空间。这是股价周期性走势的主要驱动者。

周期性走势

鉴于化工公司的股价有着双重上涨的潜力（比如，收益上涨，市盈率也上涨），专业投资者会顺应经济周期交易，在经济复苏时期增加周期性股票的投资，因为投资这类股票会比投资食品和饮料这类防御型的股票获得更高的回报。情况的确如此，因为食品和饮料类股票的价格不会随着经济下行而大幅下跌，也不会随着经济上行而大幅上涨。这种周期性规律，加上投资者在经济复苏时期市场大量买入这种周期性股票，为这些股票提供了额外的需求和上涨动力。

商品投资的基本规则

下面列出了大宗商品投资的基本规则和择时策略。可以回到第8章查看"极端天气"投资的其他交易策略。

整体视角

在我们深入细节之前，最好还是先从整体角度了解一下如何进行投资评估。图10-4列出了4种基本的投资可能性。当我们遇到一种基本面非常强劲但价格非常便宜的商品或股票时，就是撞大运了。这就是图中标记为准备大宗交易（Back Up the Truck）的象限类别。我们愿意更多地投资这类商品或股票。与这种商品或股票相对的是基本面非常糟糕但价格却非常高昂的商品或股票。对于这类投资对象，如果我们可以找到一件适当的可以导致它们价格下跌的触发事件，就可以做空它们，即便不做空，至少也要像躲避灾祸一样避开它们。

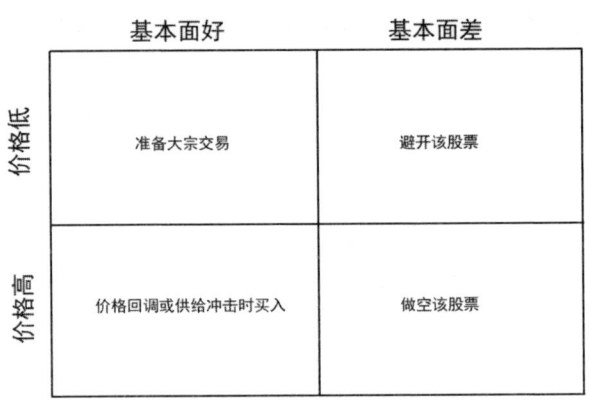

图 10-4　四种基本投资可能

如果商品或股票的基本面很糟糕但价格很便宜，就避开这类商品或股票。我知道投资品价格便宜很有诱惑力，但是千万别这样做。它的价格便宜是有原因的。

最后一类是商品或股票的基本面强劲但是价格似乎太高了。对于这类投资品，我们就要做好准备在市场回调或者在遭遇全球气候冲击的时候买入。这会使原已坚实的基本面状况更为稳定，并且很可能将价格推到更高的位置。

股票便宜还是贵？

当评估一只股票的价格是便宜还是贵时，我会尽可能采用多种评估方法来进行综合评估。很多时候，它就像评估一栋房子的价值一样。评估一栋房子价值的主要方法是看最近人们为附近与之差不多的房子支付了多少钱。毕竟，这是买家和卖家自愿达成的交易价格，所以，根据定义，这就是那栋房子的市场价格。可以采用相同的对比法来判断一只股票的适当价格。房子和股票的最大区别就是特点的数量和类型。对于房子，人们关心很多事情，包括有多少个卧室和浴室，面积有多大，离学校有多远等。对于股票，人们看待事情的方式就简单得多。投资者主要关心的是上市公司的收益水平以及成长速度。所以，我们的任务就是判断市场愿意为这些收益支付多少钱，也就是市盈率（P/E）。在评估一只股票的价值时，"附近"可以是同一个行业的其他上市公司，不同行业的其他上市公司，以及这只股票的历史市盈率和市场的历史市盈率。后面有案例帮助说明。

首先，让我们看看股票市场的整体状况，看市场过去的市盈率走势如何。图10-5显示了标普500指数的历史平均市盈率。

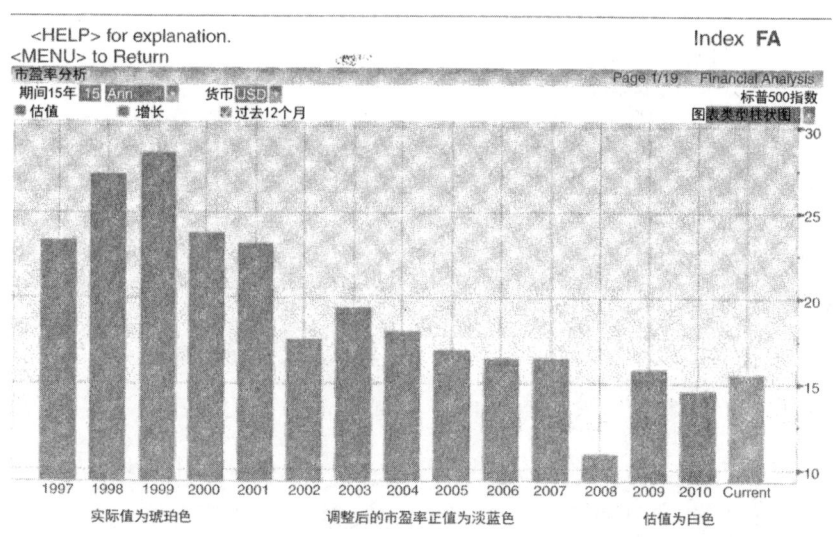

资料来源：经彭博通讯社许可使用

图10-5 标普500指数的市盈率（只采用收益正值）

这幅图非常有意思。目前市场只愿意为每一美元收益支付 15 美元多一点。也就是说整个市场的市盈率只有 15。的确，它比经济衰退谷底时期的 2008 年要略高一些，但是也处于 1997 年以来较低的水平。即便回到上一次经济衰退时期的 2001 年，市场为每一美元收益的支付意愿也达到了 23 美元。所以，乍一看来，现在市场的价格比较低。虽然这只是一种快速而随性的判断方法，但是先了解整体市场状况是很重要的，不要只关注自己感兴趣的个股，因为整体市场状况往往会主导很多股票的价格走势。现在，让我们深入一只股票来看看，这只股票是化工公司杜邦（股票代码 DD）。进行同样的历史数据分析，我们可以看到和标普 500 指数相同的走势形态。虽然杜邦目前的市盈率不像 2004 年以及之前的市盈率那么高，但是至少也恢复到了经济衰退之前的水平。所以，我们可以说相对其历史市盈率，杜邦股票目前的估值略微偏低。

接下来，我们要再次深入分析，将杜邦与其他化工公司做个比较，看杜邦相对其他同行状况如何。之前已经讲过，当涉及估值时，测量越多越好。如表 10-2 所示，我们进行了 3 种不同的测量，包括市盈率、市盈增长率（PEG，用市盈率除以收益增长速度。毕竟，有着较高增长速度的股票也应该有较高的市盈率，所以将市盈增长率表述为"一只股票每单位增长率的市盈率是多少"，可以规范这个比较），以及企业价值除以税息折旧及摊销前利润的数值（EV/EBITDA）。有些企业负债太高，剩不下任何利润。在这种情况下，比较 EV/EBITDA 就变得非常有用了。由于这个比较中的所有化工公司都有着非常稳定的正收益，所以前两个指标是首选指标。所以，我们可以从这个表中获得什么信息？

表10-2 化工公司价格比率比较

资料来源：公开资料

化工公司	市盈率	市盈增长率	EV/EBITDA
杜邦	7×	1.5	12.6×
孟山都	30×	1.5	15.3×
陶氏化学	19×	2.1	10.9×
伊士曼	13×	1.7	7.0×
空气化工	18×	1.6	10.1×
中间值	18×	1.6	10.9×
杜邦相对中间值	低6%	低6%	高16%

前两种比较的结果是，杜邦股票比行业中间值低6%。我将这个比较结果视为杜邦价格略便宜。另外，EV/EBITDA比较结果显示杜邦股票比化工行业中间值高16%。我将这个结果视为杜邦股票价格略高。所以，如果我们将之前所有的市盈率分析结合起来，可以得出以下结论：

整个股票市场都处于估值较低状态，表明市场仍然存有恐惧。目前，市场主要担心的因素包括美国国内失业率较高，中国有意放缓经济增长速度，以及欧洲国家陷入主权债务危机等。

当查看杜邦的历史市盈率时，我们可以得出和整个市场状况相同的结论。

现在，将杜邦与其他化工公司进行比较，我们可以看到杜邦的估值处于行业中间水平。

这种分析方法适用于任何一只股票，是一种通用的方法，因为"收益"分析是将所有股票都连系起来的共同特征。

季度收益预测

除非你是一个专业分析师,否则不要试图确定一家上市公司每个季度的准确收益。我们只需要盯住那些有着长远前景的好公司,并采用我们刚刚介绍的市盈率分析方法来挑选那些低估值公司。

捕捉市场底部

不要试图捕捉市场底部。如果随着股票市场从2008年第4季度开始到2009年第1季度一路下跌而一路建仓,并且在市场继续下跌时2倍建仓,在进一步下跌时3倍建仓(但愿不会如此),这就犯了致命错误。我们在入场之前,应该等待市场自己触底,甚至从底部反弹一段时间,确认市场已经反转了才行。这样做确实可能会错过一部分行情,但是你就大大降低了市场进一步下跌导致账户巨额亏损的风险。仅仅这一个小窍门就可以避免大量无谓的猜测。

第 11 章 债券市场的机会

幸运的是,"极端天气"投资者有大量的投资机会。我们不仅有大量的商品和上市公司可以投资,还有其他金融市场可以选择。我们可以只投资美国国内的股票——如果这是我们的舒适水平的话,也可以投资本书行动计划表中列出的远在地球另一端的股票。除了股票市场,我们在公司债券市场和期货市场也有大量的投资机会。在这一章,我们会谈谈债券投资的基础知识,也会讨论一些公司债券市场的具体投资机会。我们就先从持有债券的目的开始讲起吧。

为什么有些人会去持有债券?最简单的回答是,这是我们赚钱的另一种方式,持有大部分债券可以半年一次获得利息收益,也有助于我们的财富跟上生活成本上涨的步伐。把持有债券和过去把钱压在箱底的做法做个比较,会帮助我们理解。假设我们不愿意让我们的资本承担任何风险。在这种情况下,唯一让我们感到舒适的方式就是把钱压在安全的箱底。为了便于讨论,让我们暂时忘记把钱压在箱底实际上在不断贬值的事实,因为我们生活中需要购买的任何东西都在涨价,而把钱压在箱底无法获得任何收益。所以,风险规模的第 1 级是把钱压在箱底,产生的收益为 0。

现在,我们进入风险规模的第 2 级。风险规模的第 2 级是投资者厌倦了把钱压在箱底没收益,但是同时又不是真的想要承担太多风险。这类投资者可以投资政府债券,比如 10 年期国债。通过这类投资,投资者可以获得每年约2%的收益（目前），并且基本可以确保在10年期结束时拿回原有投资，因为这个投资是以3A评级政府——美国政府——作为担保（我们也可以把钱存为长期定期存款，这个也是有政府担保的）。现在，第2步的投资者骄傲地宣称自己实现两全其美了。他的钱既可以产生收益，而且亏损的概率几乎为零。

让我们再看看第3级的投资者。这一类投资者的风险容忍度要比第2级只愿意投资政府担保债券的投资者要高一些。这类投资者愿意参与公司债券市场。公司债券正是"极端天气"投资者感兴趣的债券类型，因为发行这类债券的公司中也有些在生产金属、化肥和本书讨论的其他各种商品（其他还有一些商品是由农民自己种植和销售的，包括糖、橙子等，这些商品都不是由公司生产的。对于这类投资，我们可以利用期货或ETF市场。参见第13章"期货市场投资的基本原则"）。现在，让我们深入探讨并理解公司债券投资的一些关键点。

OK，让我们回到第3级投资者。作为一名第3级公司债券投资者，如果我要购买没有美国政府担保的公司债券，那么我从这项投资上获得的收益就应该高于我可以从10期国债上获得的收益。毕竟，风险越高，回报也应该越高。这是所有投资的基本原则。这里的关键问题是这个收益应该高多少。（我们可以获得的高于国债收益的那部分收益叫作利差。）其实，这个收益取决于发行债券的公司。如果我购买的债券是由非常有实力，债务水平非常低（因此，公司破产的风险也非常低），业务状况良好且每年业绩都很稳定的公司发行的，那么我从这种公司债券上获得的收益应该只比购买政府担保的10年期国债获得的收益稍微高一点点，因为这种公司业务稳定且债务水平低，所以风险只比国债高一点点。

但是，如果我愿意冒更大的风险，购买那种债务水平很高（因此，公司破产的风险也很高），利润率很低且业务状况极不稳定的公司发行的债券，我就会期望获得高很多很多的收益。毕竟，我的风险和回报应该相互匹配。

试着评估一家公司债券的适当收益是多少，就好像试着评估一栋新房子的价格是多少一样。我们如何知道一栋房子的价格呢？我们会寻找与之类似的房子，看在最近的交易中人们为它支付了多少钱。我们在债券市场也这样做。我们只需要查看市场中其他与之类似的公司债券情况，就可以为其找到一个公平合理的价格。从某些角度来说，公司债券的比较要比房子的比较容易一些，因为房子具有一些债券没有的关键特点。公司债券最简单普遍的一个特点是公司信用评级，公司的信用评级越低，债券的收益就应该越高。幸运的是，穆迪、标普和惠誉这三大信用评级机构为投资者提供了这一信息。表11-1列出了穆迪从最好的AAA（比如美国政府就获得这一评级）到D的信用评级标准，这个评级反映了一家公司违约（即不支付利息）的概率。

表11-1 穆迪的公司信用评级标准

资料来源：公开资料

穆迪的信用评级标准
投资级
Aaa
Aa1
Aa2
Aa3
A1
A2
A3
Baa1

Baa2
Baa3
低于投资级（或"高收益"或"垃圾"债券）
Ba1
Ba2
Ba3
B1
B2
B3
Caa1
Caa2
Caa3
Ca1
Ca2
Ca3
C1
C2
C3
D（公司违约）

如表 11-1，投资级公司的信用评级至少都是 Baa3。低于投资级公司的信用评级都是 Ba1 及以下，这类公司发行的债券被称为高收益债券或垃圾债券。各个信用评级机构通过各种财务指标和公司的其他特征来对该公司进行信用评级。例如，信用评级较高的公司会有更高水平的自由现金流。

所以，作为公司债券投资者，我们有两个基本选择，即是选择投资级的公司还是多冒一点风险，选择低于投资级的公司，以获得较高的回报。即使在这两种基本选择中，我们也需要进一步作出选择，包括我们想要投资哪一投资级的公司,比如是 Baa3 级还是 A3 级。即便都属于投资级公司,评级较低的公司,其投资回报也会较高。同样的,如果我们选择低于投资级、高收益的公司,也还要进一步选择,比如我们是选择 Ba2 级公司还是 B2 级公司。通常情况下,BB 级公司的风险要远低于 B 级公司(标普公司的评级标准)。无论我们选择什么评级的公司(也就是我们选择购买的公司债券),这个评级就是我们进行价格比较的标准(记住房子比较的例子)。在讨论具体的公司债券案例之前,我们先从整体角度了解债券投资是有帮助的,见图 11-1。

	基本面好	基本面差
利差大	准备大宗交易	避开该债券
利差小	价格回调或供给冲击时买入	做空或避开该债券

图 11-1 四种基本投资可能

如图 11-1 所示,购买债券时,强烈偏向那些基本面强劲的公司。回想第 1 章中,我们是如何将各种商品归类为"交好运"、"中性"和"大麻烦"商品的。我们在图 11-1 中所谓的基本面好,通常涉及的是"交好运"商品,但是偶尔也涉及"中性"商品。

另一个维度是相对其他类似债券的价格比较(类似于房子价格比较)。假设我们评估一只评级为 Baa3 的目标债券,这只债券会为我们提供 5% 的回报,如果其他相同评级的债券平均只能提供 4% 的回报,那么我们可以说这只债券相对目前的市场价格比较有吸引力。另一种说法是，相对其他期限相同且回报为 3%（假设）的国债来说，这只回报 5% 的债券的利差较大。在这种情况下，这只债券相对国债的利差为 2%（5%-3%=2%，也可以说是 200 个基点，因为 1%=100 个基点），而其他相同评级的债券相对国债的平均利差仅为 1%（或者说 100 个基点）——我们可以从其他 Baa3 评级的债券上获得平均 4% 的回报，如果只愿意投资无风险的国债，就只能获得 3% 的回报（4%-3%=1%）。比起市场上其他相同评级债券的平均利差，我们更愿意投资这只利差较高的目标债券，只要这家公司的基本面继续保持强劲。

同样的，如果我们的目标债券只能为我们提供 3.5% 的回报，但市场上其他相同评级的债券平均能提供 4% 的回报，那么可以说我们的目标债券的利差较小。毕竟，我们的目标债券相对 3% 的国债，利差只有 0.5%（3.5%-3.0%=0.5%，或者说 50 个基点），而市场上其他相同评级的债券的平均利差有 1%（4.0%-3.0%=1.0%，或者说 100 个基点）。

所以，综合考虑两种维度，任何时候都可以购买的最佳债券是那些基本面好、利差大的债券。具有这两种特点的债券被标记为"准备大宗交易"（Back Up the Truck），一种比较形象的说法是，你从这只债券上获得的回报相对其风险水平（公司信用评级）较高。当本书中的行动计划表指示购买最大赢家公司的股票或债券时，这一类债券也比较有吸引力。

与这类债券相对的是公司或商品的基本面差，利差也较小的债券。这意味着市场不会因为你承担了较高的风险而为你提供较高的回报。一般情况下，我们会"避开该债券"（Avoid the bond）。我们在表格中也提到这种债券实际上可以作为做空的对象。做空就是打赌这只债券会下跌，与购买债券的做法相反（见第 9 章的"两边下注"，了解更多关于做空的信息）。

在债券市场,做空通常是专业投资者参与的游戏。对我们来说,只要不买这只债券就行了。

图 11-1 中的其他两种债券类型又如何呢?就基本面好、利差小的债券类型而言,公司归入了"交好运"类,意味着公司基本面很好,并且猜猜怎么样——市场已经知道了。我们认为市场已经知道的原因是债券的利差小,债券利差小意味着人人都想购买这只债券(我们稍后会讨论债券背后的一些数字,会从中了解到债券价格的波动方向与债券收益的波动方向相反,两者是此消彼长的关系)。有时即便利差小,我们购买这种债券也可以侥幸获得成功。只要满足了两个条件,我们就可以这样做:(1)我们确定这只债券的基本面是好的(也就是"交好运"类),(2)这只债券的回报是我们能够接受的,比如 3.5%。如果你乐于接受这个回报水平,就去购买吧。对于这类债券,我们需要保持耐心,等待这只债券随着所有债券价格下跌而下跌,从而利差扩大,使得这只债券更有吸引力。当市场价格下跌时购买债券,也称为"回调时买入"(Buying on the Dips)。当本书中的行动计划表指示购买最大赢家的股票或债券时,这一类债券也比较有吸引力。

图 11-1 中的最后一类是基本面差、利差大的债券。这是一个有趣的组合,因为这表示公司实力弱小,业务状况不稳定,但市场却愿意为你提供较大的利差。不要被这种大利差给迷住了,利差大是因为购买的是很糟糕的债券。这听起来很诱惑,但是千万不要这样做。"极端天气"投资者倾向于购买"交好运"类或者有时也属于"中性"类的债券。一般来说,不管利差有多大,我们都要避开这种糟糕的公司。

现在,你应该对债券投资有个大致了解了。我们只是进行了定性分析,没有做定量分析,但是这并不会影响你对债券投资的理解。所以,如果你对定性分析背后的数学运算没有兴趣，就直接跳过这一节剩下的内容吧。我们也会讨论目前市场上的各种真实债券，这会进一步帮助你理解债券投资。

在我们进入真实案例之前，我们先谈谈公司债券的起源。公司债券就是公司向债权人出具的债务凭证。公司举借债务的原因有很多。或许是想收购另一家公司，或许是想扩建工厂，或许是想借钱为股东发放红利，或者只是想为到期债券再融资。我们假设一家公司需要筹集 5 亿美元。它要做的第一件事就是委托几家投资银行，这里假设是两家，每一家投资银行最终为公司筹集 2.5 亿美元。所以，现在公司筹集到了 5 亿美元，可以根据自己的需要来使用这笔资金。投资银行持有一份合约，公司承诺 10 年（10 年为假设期限，实际可以短于或长于 10 年，具体期限取决于公司意愿）到期后回购债券，并在 10 年期限内半年一次支付利息，这也被称为息票支付（coupon payments）。投资银行并不真的想要保有这个合约，也就是这个公司债券。相反，他们会将这些债券出售给其他成百上千个潜在的债券购买公司，比如对冲基金或保险公司。我们假设一共有 50 家小型投资公司购买这些总价值 5 亿美元的公司债券，所以平均每家投资公司可以购买价值 1000 万美元债券。

现在我们就有了一个由这些债券构成的债券市场，机构投资者和个人投资者可以进入这个市场买卖这些债券［个人投资者可以通过现有的股票交易公司，比如美国交易（Ameritrade）来购买债券，就像购买股票一样］。与公开交易的股票类似，当这些债券被买入或卖出时，发行这些债券的公司不会从中赚得一分钱。他们在发行债券时就已经获得了他们的 5 亿美元，因此，不会再参与二级市场的交易。

现在你已经了解了公司债券的起源，让我们再看一些真实案例。首先，我们会看看公司债券的投资级别。我们会从泰克资源开始，如表11-2所示。

表11-2 泰克资源公司债券

资料来源：公开价格数据

公司	泰克资源
主要产品	炼焦煤和铜
规模	5亿美元
评级	Baa2
到期时间	2021年
息票率（利率）	年利率4.5%（每6个月支付一半利息）
价格	103.3
相对国债的利差	1.17%或者说117个基点
最低收益率（YTW）	4.10%

有趣的是，表11-2所示的泰克资源债券只是泰克资源发行的众多公司债券中的一只。发行众多债券的原因是每当泰克资源需要筹集资金时，他们都会回到债券市场发行新债券。同时，他们往往还有其他未到期债券。如表所示，这只债券是在2021年到期。到了这一年，他们就要回购这只债券（偿还这笔债务）。到这时，他们可能会通过发行新债券来为这笔债务筹集资金，或者如果他们这时的现金充足的话，会直接用现金来偿还这笔债务。所以，你可以看到，一家公司发行的债券会经常性地变化。但是，公司的股票是保持不变的。所以，任何时候，我们不仅可以将目标债券与其他公司相同评级的债券进行比较，还可以将泰克资源发行的所有债券相互进行比较，看哪一只债券最有吸引力。

现在，让我们谈谈这只债券的基本要素。如表所示，泰克资源在发行这只债券时，总共需要筹集5亿美元。这只债券的评级为投资级的Baa2，到期时间为2021年。另外,这只债券的息票率为年利率4.5%,每年分两次支付这笔利息。

接下来的3个基本要素需要详细解释,包括债券的价格、最低收益率(YTW)和相对国债的利差。

让我们从债券的价格说起。美国债券的面值(起始价格)通常是标示为100(也就是100美分),但是随着时间推移,债券的价格会发生变化,就像股票的价格会随着时间变化一样。从技术上说,债券的价格是这只债券未来现金流的现值,这个未来现金流包括两个:(1)我们每6个月会收到一次的息票支付(利息),(2)在债券到期时(比如这只泰克资源债券在2021年到期)可以拿回的本金。我们所说的现值是什么意思呢?现值的概念与"资金时间价值"有关。除非我们迷恋于把钱压在箱底,否则都想获得利息收益。毕竟,如果我把100美元压在箱底一年,那么一年以后还是100美元。但是如果我通过投资可以获得10%的收益,那么我们在一年后将拥有110美元。"现值"和"资金时间价值"都涉及我们从资金上获得的利息。以这100美元以及利息10%为例,我们可以看到我们是如何在一年之后获得110美元的。方法如下:

$$110\text{ 美元} = 100\text{ 美元} \times (1+\text{利率})$$

由于我们知道本例中的利率是10%,而10%可以写成0.10,所以上面的公式也可以写成:

$$110\text{ 美元} = 100\text{ 美元} \times (1+0.10)$$

所以,正如你看到的,我们现在拥有的100美元称为现值,110美元称为未来价值。所以我们也可以将上面的公式变换为：

$$现值 = 110 美元 / (1+0.10) = 100 美元$$

我们就是将公式反过来，用未来现金流数字除以利率，而不是像计算未来价值时那样乘以利率。这个将未来价值贴现的简单方法正好就是我们判断债券现值（价格）的方法。

现在，让我们再进一步分析。债券不是只支付一年利息，而是每年都会支付利息，事实上，是连续多年每年分两次支付利息，直到债券到期。我们将以一只利率（年利率）为10%的5年期债券为例。为了让计算过程简单一点，我们假设他们一年只支付一次利息。另外，还假设这只债券发行的价格是100美分。我们每购买100美元这只债券，每年就能获得10美元利息，并且在5年到期后还能拿回最初的投资本金100美元。这时，我们知道3件事情：

1. 起始价格（就是未来现金流的现值）为100。
2. 每年利息为10（100×10%/年=10）。
3. 最初投资的本金100会在5年期结束时归还。

所以，基于这3件事，现值的计算过程如下所示。注意，我们可以按照之前的方法进行计算，不过我们必须单独折现未来的每一笔现金流。另外还要注意右上角的数字。举个例子，假设在第3年，我们就要将现金流折算3次。一年一次，所以是3次。在第5年，我们就要折现110，因为第5年不仅可以获得10%的利息，而且债券在第5年到期，因此还可以拿回最初的本金100。

现值＝100＝10／（1+利率）+10／（1+利率）^{2}+10／（1+利率）^{3}+10／（1+利率）^{4}+110／（1+利率）^{5}

我们用于折现的利率实际上被称为到期收益率（YTM）。现在，我们称其为利率，主要是为了方便。从数学角度说，当债券的价格为100时（也就是它的现值），到期收益率和息票利率是相等的。所以，在本例中，由于债券最初的价格是100，那么到期收益率是10%，并且我们收到的息票支付也是10%。将这里的数据绘制成图形，将有助于我们理解债券价格和债券到期收益率的关系。即便还没有看到这个图，我们也可以猜到这两者呈反向关系，因为你可以从现值的计算公式中看到，债券的价格涉及1／到期收益率（也就是到期收益率的倒数）。由于存在这一关系，并且常识告诉我们当采用较大的折现率时结果会较小，所以，我们可以预测到这幅图的情况是当到期收益率走高时，债券的价格会走低。这个方程的图形如图11-2所示。

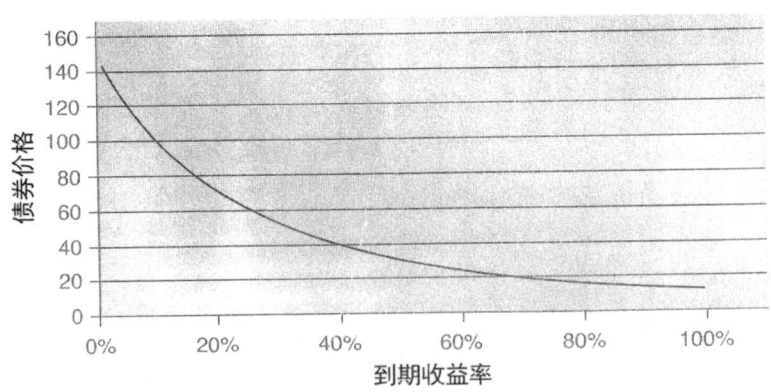

图11-2　债券价格与到期收益率

一幅图胜过千言万语。通过这幅简单的图形，我们可以对债券投资有很多了解。我们可以从这幅图形中了解到以下几点：

在这个案例中，债券持有人和债券投资者会每年收到10%的息票支付（利息）。注意，当债券价格刚好等于票面价值100美分时，到期收益率也正好等于息票率，即10%。这不是巧合，这是必然的，不管息票率是多少。

我们可以清楚地看到债券价格和到期收益率的方向相反。当到期收益率走高时，债券价格会走低，而当到期收益率走低时，债券价格会走高。

所以，作为债券投资者，我们喜欢银行利率和通胀率均走低，因为从数学上来说，债券的价格在这种情况下会走高。

你可能已经注意到图中这条曲线是弯的，也就是有所谓的凸性。注意，随着到期收益率降低，债券价格会升高，而且升高的速度会越来越快。反过来，随着到期收益率升高，债券价格会降低，而且降低的速度会越来越慢，直到曲线变为水平。在我们对垂直下降的收益率和火箭式上升的债券价格过于兴奋之前，我们必须意识到当市场利率只有4%时（假设），公司是不会乐意支付10%的利息的。所以，作为债券持有人，我们就面临一个风险，即公司很可能发行息票率较低的新债券，来为这只债券再融资。从技术上说，债券可能永远不会像图中所示的那样，利率非常低，价格还涨那么高。

由于公司有提前赎回债券的可能，所以对于债券投资者来说，大部分债券的利率都以最低收益率（YTW）为收益衡量指标。如果公司计划提前赎回债券，那么这个到期收益率可能就完全没有意义。如果担心公司提前赎回债券，我们可以问自己这个赎回收益率（YTC）是多少。但是，通常情况下，最低收益率是最好的衡量指标，因为它可以告诉我们不管公司如何行动，只要债券最后被赎回（债券到期或提前赎回），我们的最坏情况（最低的回报）是什么。

我们已经了解了债券投资的基本数学知识，现在，让我们再回过头看看之前的那个泰克资源债券（见表11-2）。

你可以看到，这只债券的最低收益率是4.1%。这意味着不管公司是在债券到期时回购还是到期前回购，债券投资者至少可以获得4.1%的回报。当然，它的前提是公司在这期间没有破产，并且债券最终被回购。因此，作为"极端天气"投资者，我们投资公司债券的主要标准是公司的基本面状况良好，并且资产负债表保守（也就是公司的负债率比较低）。

还要注意，由于债券的美元价格是103.3，高于面值100，所以最低收益率要低于息票利率，前者是4.1%，后者是4.5%。就像前面的图形显示的那样，债券价格与收益率的波动方向相反，这不是什么让人意外的现象。如果债券价格正好是100，那么最低收益率就等于息票利率，即4.5%。

我们要探讨的最后一个基本要素是相对国债的利差。我们之前已经讲过，利差就是我们可以从公司债券上获得的额外收益，是高于或超过只购买相同期限国债可获得的收益部分。注意泰克资源的那只债券，它的利差就是1.17%，或者说117个基点。

现在，让我们将泰克资源与其他相同评级的公司做个比较，看泰克资源债券属于之前4种评估结果中哪一种。具体而言，我们就是评估泰克资源的两个维度，包括基本面和价格。对于泰克资源的基本面，我们可以通过表 11-3 以及第一章讨论炼焦煤和铜的部分了解到。目前，炼焦煤和铜都属于交好运类商品。所以，从一开始，情况就十分有利。

表 11-4 公司债券价格比较

资料来源：公开价格数据

公司	息票率	价格	到期时间	评级	最低收益率
泰克资源	4.5%	103.3	2021	Baa2	4.1%
美国铝业	5.4%	102.3	2021	Baa3	5.1%
安塞乐米塔尔	5.5%	100.8	2021	Baa3	5.4%
陶氏化学	6.0%	113.9	2017	Baa3	3.5%

通过表 11-4，可以得出以下结论：

泰克资源的最低收益率属于中等水平，属于合理的定价。

泰克资源的评级比其他几家公司要高一点，因此，我们也可以预见到它的收益要比其他公司低一点。

陶氏化学债券要比泰克资源债券早 4 年到期，这也部分解释了为什么陶氏债券的收益比较低。通常而言，离到期日越远，债券收益就会越高，以弥补较长时间持有债券以及随之而来的风险。

陶氏化学债券的息票率非常高，达到 6%，所以债券的价格也非常高，因此也将最低收益率拉了下来。市场这是在告诉你，如果想要获得这个较高的息票率，你就必须付出更高的代价（更高的价格）。息票率和价格的净收益就是陶氏债券的最低收益率，即 3.5%。

Extreme Weather and The Financial Markets: Opportunities in Commodities and Futures

泰克债券的价格稍稍高于票面价格（100），但是即使高于票面价格，债券仍然可以产生 4.1% 的收益，这相对于表中其他债券的收益率，也算合理。

记住，每一家公司都可以并且也常常发行多只债券，所以，投资者不仅要将债券与其他类似评级的公司债券进行比较，也要将债券与同一家公司发行的其他债券进行比较，以找出最低收益率和公司基本面最佳的组合。

因此，泰克资源债券的总体情况是，公司的主要产品目前属于"交好运"类。这很好。在价格方面，债券的价格（比如最低收益率）相对其他类似债券都比较公平。所以，这两大因素使得泰克资源债券成为合理的投资对象，而这不是只在极端天气事件情况下，在一般情况下都是合理的投资选择。

所以，当提到全球气候冲击和极端天气事件时，我们该如何利用新了解到这些公司债券知识呢？整本书中创建了很多行动计划表。每一个行动计划表都针对特定的全球气候冲击和极端天气事件。这些行动计划表不仅将每种全球气候情况下的最大赢家进行了排名，也将每种全球气候情况下的最大输家进行了排名。所以，当你看到一家公司正处于最大赢家排名之首时，你可以进行选择，取决于你作为投资者的舒适水平。假设处于最大赢家排名之首的某家公司既发行了股票，也发行了债券，你就可以选择是购买股票还是购买债券，或者两者皆买。不过，我们之前讲到过，一家公司只会发行一只股票，但是常常会发行很多只不同的债券。由于公司债券会被再融资或回购，我们不会列出每家公司当前的债券，因为债券变化太频繁了。如果你选择购买最大赢家公司的债券，只需要运用本章的基本分析方法，就可以帮助你选择当下最佳的债券。

地方政府债券市场的机会

对于"极端天气"投资者来说,地方政府债券市场是非常独特也非常有趣的市场。一般来说,当全球气候冲击或极端天气事件发生在世界某地的时候,会对当地产生负面影响,但是同时又对世界其他地区有利。比如说,如果俄罗斯发生严重干旱(实际上最近才发生过),这就意味着小麦市场的供给冲击。这种情况显然会对俄罗斯农民造成重大打击。但是,全球小麦市场的供给冲击会导致小麦的价格走高,因为全世界其他地区的小麦农民仍然有小麦可出售。

正如整本书反复提到的那样,这个基本模型非常有效,但是,却不适用于地方政府债券市场。不适用的原因在于发行地方政府债券的地区与极端天气事件的相关性不高。一个极端天气事件,比如卡特里娜飓风袭击新奥尔良,不仅导致那个地区的地方政府债券信用评级被下调,而且债券的价格也疲软且震荡。但是,新奥尔良的地方政府债券受挫,并不意味着西海岸各州的地方政府债券就会受益。涉及极端天气的地方政府债券,也有一些上行的机会。

因此,鉴于地方政府债券对极端天气事件有着这么有趣的反应,我们针对这个市场的行动计划就是,避免购买预期会遭遇极端天气事件的地区的地方政府债券。那么,我们如何将其转化为具体的操作呢?我们应该坚持以下几点:

在这个领域,我们可以受益于历史形态。具体而言,就是在飓风季节,我们不要过度购买飓风地区的地方政府债券。

避免过度购买其地方政府债券的地区还有，著名的潜在暴风雪重灾区以及地方财政赤字地区，这会影响地方政府债券的价格。

一般而言，我们在地方政府债券市场的行动计划就是避开潜在的陷阱，而不是就像本书中其他大部分交易策略那样去追寻价格上涨的机会。

见第 8 章题为"极端天气投资规则"那部分内容，我们在讲高级"极端天气"投资技术时讲过，有时在特定情况下也可以购买"输家"的股票。

第 12 章　外汇市场的机会

听起来或许会令你感到惊讶，外汇市场的规模甚至远远大于股票市场。因此，我们有必要慎重考虑这个市场中与全球气候冲击或极端天气事件相关的潜在投资机会。正如本章后面将会证明的那样，外汇市场相关投资的基本情况总结如下：

由于大宗商品的生产分散在世界很多个国家，所以很多国家的货币被称为"商品货币"，特别是当该国家生产的大宗商品占其总出口很大一部分比例时。因此，他们货币的价值往往与他们生产的大宗商品的价格有关。这是一个众所周知的现象。实际上，有一些商品货币也隐含了与全球气候冲击和极端天气事件有关的潜在投资机会，因为这类事件通常对商品价格有利，因此也会惠及相关商品货币。

我们的分析会主要集中在加拿大和澳大利亚的商品货币，因为这两个货币都已在外汇市场自由交易，并且两个国家都政治稳定。此外，这两个国家都生产了多种大宗商品。不幸的是，极端天气事件不一定会同时影响所有的商品。事实上，极端天气事件通常一次只会影响一种或两种商品。虽然一个国家的其中一种主要大宗商品价格上涨确实有助于该国货币走强，但是这种效果甚微，因为这种商品只是该国出口的众多商品中的一种。所以，极端天气事件的影响只会间接有利于该国货币的价值。因此，更好的"极端天气"投资机会存在于其他非货币类型的投资市场中。

在面对基于全球气候冲击或极端天气事件的外汇投资时,有些效应是违背常理的。以最近澳大利亚东部的大洪水为例。这次洪水大面积中断了澳大利亚的煤炭出口。由于澳大利亚是全球海运煤的主要玩家,所以导致全球煤价急速上升。但是,如果澳大利亚无法将煤炭从被洪水淹没的矿区运出并出口,那么上升的煤价不会提高澳大利亚的出口价值(因此,也不会使澳大利亚的货币升值)。同时,由于煤炭价格急剧上涨,其他商品货币,比如加拿大元就可以从中受益,因为加拿大也在出口煤炭,但他们没有遭遇洪水。所以,我们必须十分小心仔细。仅仅全球煤炭价格上涨,并不意味着澳大利亚货币会走强,特别是当洪水阻断澳大利亚的煤炭出口时。事实上,如果我们观察从2010年11月1日到2010年11月30日这一个月(正好是澳大利亚发生大洪水的时间)的货币走势,可以看到澳大利亚货币实际上贬值了3%,而加拿大货币贬值了1%。所以可以说在这段时间,加元胜过澳元2%。正如预期,澳元没有从上涨的煤炭价格中获益。即使是加元,尽管加拿大可以受益于上涨的煤炭价格,但是他们的货币仍然没有升值。这是因为煤炭价格上涨的积极效应被这一地区的其他多种出口商品给削弱了。所以,这里的关键点是当全球气候冲击或极端天气事件袭击世界某一地区时,最佳的外汇投资策略是避免买入该国的货币。与买入出口相同商品但没有遭遇全球气候冲击的其他国家的货币相比,这种回避型投资策略是最保守也更可取的交易做法。这是因为加拿大(在这个案例中)出口的大量商品种类"稀释"了这一效应。

在本章中,我们会识别两种商品货币类型。第1类商品货币包括加拿大元和澳大利亚元。这类货币的国家政治稳定,货币流动性高,但会因为遭遇其他众多商品稀释而失败。第2类商品货币是各种非洲货币。这类货币解决了被其他众多商品稀释的问题,但是会因为国家政治不稳定并且常常流动性不足而失败。对于"极端天气"投资者来说,这两种情况的交易策略相同,就是（1）避免购买直接遭遇极端天气事件袭击的国家的货币，（2）坚持购买本书提供的行动计划表中"最大赢家"公司的股票和相关商品。

现在，我们已经了解了涉及极端天气事件的外汇市场投资基本情况。接下来，我们将探讨这些基本情况背后的一些细节。

加拿大元

这些年来，加元的价值大幅上升。我们可以通过图12-1看到加元过去十年的价格走势。

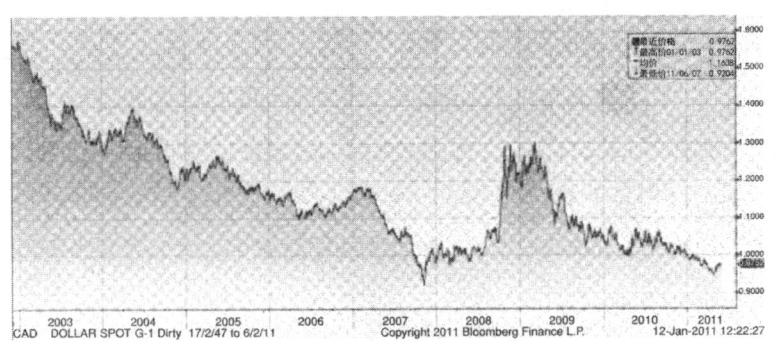

资料来源：经彭博通讯社许可使用

图12-1　从2002年到2011年，美元/加元货币对的价格走势（加元上涨了62%）。①

图12-1描绘得非常清楚，注意这幅图的单位，是每一美元兑换加元的数量，也就是美元/加元。不要被这个表达形式给弄糊涂了。用一个简单的

---

① 这里的最高价是2003年1月1日的最高价，通过走势图可以看到这个价格是介于1.5000到1.6000之间，比较靠近1.6000，而不是图中标示的0.9762。——译者注

类比就可以清楚说明这个意思。假设我们换一种说法，即一听苏打水可以兑换加元的数量。那么这幅图中的下跌走势就意味着一听苏打水（或者说本例中的美元）的价格越来越便宜了。所以，如果美元越来越便宜，那么就一定意味着加元越来越贵了。如图12-1所示，在过去十年，加元的价值上涨了62%。那么，关键问题是为什么加元在过去十年升值了那么多？

很多人不仅喜欢将加元称为商品货币，而且还会更具体一点，称其为石油货币。如果石油是这一地区唯一的出口商品，那么这也是一个合理的称谓。但是，如饼图12-2所示，加拿大出口众多不同种类的商品，包括石油、天然气、化肥、金属、木材以及各种通用化学品。从图中可以看出，这些商品中没有一种在加拿大的出口中占据主导地位，所以虽然石油价格确实可以影响其他商品的价格，因为它涉及能源投入成本，但是将这只货币称为石油货币并不十分准确。

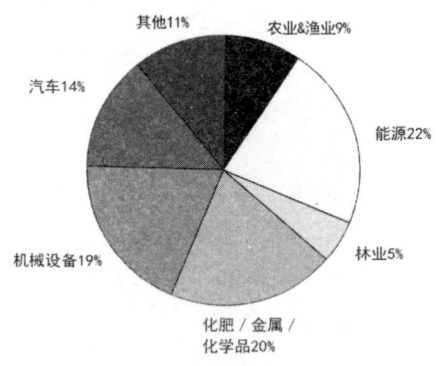

资料来源：加拿大政府2010年发布的统计数据

图12-2　加拿大出口情况

有趣的是，加拿大的出口产品中，大宗商品占56%。由于大部分出口产品是大宗商品,所以将加元称为"商品货币"比将其称为"石油货币"要准确很多。

事实上,我们可以再看看表 12-1 中均产自加拿大的 8 种主要大宗商品的情况。表中列出了各种商品在过去 3 年相互之间的相关性。

表 12-1 加拿大各种商品相互之间的相关性

资料来源:2008 年到 2011 年的公开价格数据

	铜	镍	黄金	白银	天然气	铝	石油	玉米
铜	100%							
镍	94%	100%						
黄金	86%	85%	100%					
白银	83%	79%	92%	100%				
天然气	-11%	-21%	-30%	-26%	100%			
铝	91%	86%	68%	68%	24%	100%		
石油	85%	78%	58%	65%	23%	94%	100%	
玉米	64%	51%	67%	84%	11%	64%	62%	100%

我们可以从表 12-1 中了解到什么呢?很显然,除了天然气,各种商品之间都存在较强的正相关性。之前已经讲过,天然气目前已成为"大麻烦"商品,原因是这段时间北美对天然气的需求疲软,而且供给也因为美国的页岩气革命而大幅增加。此外,还有一个例外,加拿大出口产品饼图显示其中有 5% 来自林业。这 5% 的"林业"指的是木材。由于这段时间房地产市场——特别是美国的房地产市场低迷,所以木材市场也跟着不景气。但是,除了相对较疲软的天然气和木材市场,加拿大出口的大部分商品都享有目前高度相关的商品价格普涨环境。换句话说,一篮子商品的价格都在上涨,这就极大地促进了加元在过去十年大幅升值。

所以,当提到"极端天气"投资时,我们对加拿大的"商品货币"了解到些什么呢?可以总结为以下几点:

由于"极端天气"投资往往涉及大宗商品,所以这也意味着"商品货币"市场也存在一定的投资机会。但是,极端天气事件通常一次只影响一种或两种商品,所以全球气候冲击带来的某种商品价格上涨对加拿大的影响不大,因为加拿大出口的商品数量众多,所以可以忽略基于极端天气的加拿大货币投资机会。

基于第1点,更有效的极端天气或全球气候冲击型投资策略是追逐直接遭受冲击的商品以及与之相关的股票、债券和期货。

澳大利亚元

与加拿大元类似,澳大利亚元也在过去十年大幅升值。加拿大元在过去十年升值了62%,而同一时期的澳大利亚元升值了88%。如果我们查看澳大利亚的出口产品情况并将其绘制成饼图,会得到图12-3。

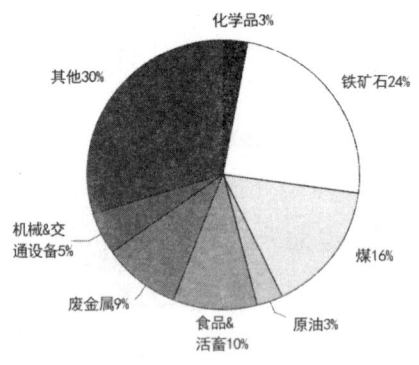

资料来源:澳大利亚统计局2010年发布数据

图12-3 澳大利亚出口产品情况

如图所示，铁矿石加上煤占了澳大利亚总出口的40%。前面第一章讲过，铁矿石属于"交好运"类商品，煤也是，尤其是炼焦煤。所以，与加拿大货币的情况类似，澳大利亚货币也受益于不断上涨的商品价格。因此，在过去十年时间里，这只货币上涨了88%。

不过，这两只货币的主要区别是两国的主要贸易伙伴不同。加拿大的主要贸易伙伴是美国，而澳大利亚的主要贸易伙伴是中国。美国卷入了全球经济衰退，中国没有卷入全球经济衰退。在全球经济衰退底部时期，中国的GDP即便下降，也仍然达到6.5%。所以，澳大利亚不仅受益于在过去十年不断上涨的商品价格，也可以享有比加拿大更高的增长率，因为加拿大的主要贸易伙伴美国的经济增长率相对缓慢。

尽管与中国的经济关系这么密切，但澳大利亚仍然无法逃避极端天气或全球气候冲击。从2010年末开始，澳大利亚东部地区遭遇暴雨和洪水袭击。洪水淹没了这一地区的煤矿，而这一地区是世界煤的主产地。图12-3显示，煤占澳大利亚总出口的16%，所占份额还是比较大，但是仍然被这个国家出口的其他众多商品给稀释了。所幸的是，澳大利亚的铁矿分布在它的西部地区，没有受到洪水的影响。注意，澳大利亚和加拿大都出产并出口煤。所以，由于澳大利亚的供给冲击，有人可能预期加拿大货币的表现会优于澳大利亚货币的表现，因为它可以受益于煤炭价格上涨并且避开我们此前所说的洪水。但是，即便是加拿大货币，也因为上述的稀释效应而没有升值。

澳大利亚货币正如预期那样下跌，因为整个国家16%的出口都没有了。但是，稀释效应会有助于阻止货币贬值。所以，对于"极端天气"投资者来说，主要策略就是避免购买直接遭遇极端天气事件的国家的货币。这种回避策略要大大优于做空这只货币的交易策略，因为这个国家出口的商品种类甚多而产生了稀释效应。

其他商品货币

加拿大元和澳大利亚元成为我们商品货币讨论的重点，是因为这两只货币的流动性比较高（也可以说换手率或成交量比较高，因此存在大量的买卖机会），并且国家的政治比较稳定。这两个因素对"极端天气"投资者来说，是先决条件。

其他还有一些商品货币也满足了这两个条件，比如巴西和智利的货币。但是，这两只货币也是上述稀释效应的受害者。虽然商品也占这两个国家总出口的大部分比例，但是这两个国家出口的商品种类也较多，因此削弱了巴西或智利以外地区遭遇全球气候冲击给巴西或智利的货币带来的上涨潜力。对于"极端天气"投资者来说，外汇市场的行动计划还是避免购买遭遇全球气候冲击的国家的货币。

那么，那些不存在稀释效应的国家又如何呢？换句话说，那些只出口一种主要商品的国家又怎么样呢？非洲地区的很多国家满足这一条件，但是它们没有满足我们的先决条件，就是流动性高并且政治稳定。举个例子，比如科特迪瓦，他们的货币是西非法郎。这一地区出产的可可豆占全球总量近40%。在这一地区遭遇全球气候冲击或极端天气事件时，我们的行动计划就是避免购买这只货币。即便在其他可可豆产地遭遇极端天气事件时，我们也仍然要避免购买西非法郎，尽管科特迪瓦出口的可可豆没有被其他商品稀释。在这种情况下，我们还要避开这只货币的原因是它缺乏我们上述的两个先决条件，即政治稳定且货币流动性高。

所以，总结之后，我发现我们陷入了某种窘境。我们基本发现了两类商品货币：

第 1 类商品货币（比如澳大利亚元、加拿大元、巴西雷亚尔、智利比索）：这类商品货币满足了我们两个先决条件，即国家的政治稳定并且在外汇市场上的流动性较高（也就是在外汇市场上很容易买卖）。但是，它们会遇到商品稀释效应。换句话说，这些国家出口的商品种类较多，因此世界其他地区遭遇全球气候冲击，对这些货币升值的促进作用不大。事实上，这是一种间接的投资。因此，对于这第 1 类商品货币，我们的行动计划就是当这些国家遭遇全球气候冲击时，避免购买他们的货币。锁定整本书中讨论那些直接投资机会，是更明智的交易做法。具体而言，就是在本书中为遭遇全球气候冲击的商品找到对应的行动计划并执行。

第 2 类商品货币（比如很多只出口一种主要商品的非洲国家的货币，就像科特迪瓦的西非法郎，科特迪瓦是全球可可豆的主产者）：这类商品货币解决了商品稀释的问题，因为这些国家基本只出口一种主要商品，但是由于政治不稳定，并且在外汇市场上的流动性不足，所以无法成为我们的投资选择。因此，尽管与第 1 类商品货币的特点完全不同，但是行动计划是一样的。具体而言，针对第 2 类商品货币的行动计划就是，避免购买这些国家的货币，更具体一点说，就是当这些国家遭遇任何类型的全球气候冲击时，要避免购买他们的货币。我们应该在本书中为遭遇全球气候冲击或极端天气事件的商品找到适当的行动计划并执行。

第 13 章　期货市场投资的基本原则

作为基于极端天气事件和全球气候冲击的投资者，我们在很多不同的行业和不同的金融市场都有大量的机会。有时，某个极端天气事件不会带来典型的股票市场投资机会。它甚至不会提供公司债券或外汇市场的投资机会。有时，唯一的投资机会就在于期货市场（或者 ETF 市场）。本章的目的就是解决对期货市场的疑惑，继而消除对期货市场投资的恐惧，从而为"极端天气"投资者打开赚钱的新通道。

我们会先从一个简单并且较高的视角来分析期货市场投资，不会深入任何数学运算。我们只想谈谈为什么"极端天气"投资者会参与期货市场。

我们在我们的整个全球气候"旅程"中反复展示过，极端天气事件常常意味着商品的供给冲击，而任何商品的供给冲击都意味着商品的可获得供给大幅削减。供给大幅减少会导致商品的价格走高。由于供给冲击的结果通常是价格的单向反应（就是上涨），这就是我们利用期货市场的方式，利用商品价格上涨获利。

不会多么复杂，只要我们认为某种商品的价格会上涨，就购买这种商品的期货合约。如果商品的价格按照预期上涨，我们就会赚钱。就是这么简单。我想说我们要感谢有这些商品期货合约存在。如果没有这些期货合约，在铜价格上涨时，我们唯一的赚钱方式就是先买入大量的实物铜，然后在未来价格上涨之后再将这些铜卖出去。所以，不需要实际去买卖这些金属，而只是购买铜的期货合约并且通过这一纸合约就能赚钱，听起来是不是挺吸引人呢？

我们已经讲了为什么以及如何进入期货市场，现在，我们准备再深入商品期货市场投资看看。让我们先从两个重要的术语开始，分别是现货价格和期货价格。如果我们去公开市场购买可以立即交付的铜，此时铜的报价就是所谓的现货价格。相比之下，我们也可以在相关交易所创建并购买铜的期货合约，但实际上并不需要直接提取这种金属货物。期货合约就是授权合约持有人在未来的约定时间以约定价格买入或卖出铜（在本例中）的协议。作为铜期货合约持有人，如果你愿意，你也可以在合约到期日直接提取金属铜，也就是进行实物交割，但是这种情况很少发生。相反，合约只是作为一种投资工具，它的价值每日都会发生变化，这个变化取决于现货市场的价格变化。这个过程被称为"追随市价"。

作为"极端天气"投资者，我们的目标是商品的现货价格因为全球气候冲击或极端天气事件而持续攀升，而我们的期货合约价格将"追随市价"，因此也会跟着上涨。

你可能会问自己一个问题，期货价格是否与现货价格相同，如果不同，又为什么不同呢。在商品期货市场，期货价格往往不等于现货价格（是时候讲讲数学运算了）。其他一些因素必须考虑在内，包括储存商品的成本和无风险利率。更具体一点，期货价格（F）一般是用下列的公式计算出来的，其中 r 代表无风险利率，T 代表期货合约到期前的年数。我们假设商品没有储存费用。

$$期货价格 = 现货价格 \times (1+r)^T$$

这里我们要理解的一个关键点是，如果金属的价格没有变化，那么投资者从期货合约中赚的利润为零。换一种说法就是，投资者从期货合约中赚钱的唯一方法就是金属的价格发生变化。所以，根据定义，在我们买入期货合约的第 1 天，金属的价格不会变化，因为这只是第一天。因此，这个期货价格可以被视为将现货市场金属的价值投资到利率为 r，期限为 T 的储蓄账户中，赚取到的时间价值与本金的总和。理论上说，这个期货价格别无选择只能成为这个价值。我们可以通过一个问题来证明这一点，如果期货价格远远高于之前公式中计算出的价值会如何呢？如果情况的确如此，那么即使金属的价格没有改变，投资者仍然可以获利，但这就与本段的第一句话相违背了。投资者就可以这样去交易——以 r 的利率借钱去相对便宜的现货市场买入金属，同时卖出价格很高很高的相关期货合约，从而锁定利润。这种交易被称为套利交易（完全无风险收益）。即使这种情况在现实中存在，也就是期货合约价格非常非常高，但是会玩这种套利游戏的投资者会导致期货合约的价格下跌，因为会有大量价格很高的期货合约因为套利交易被卖出。

现在，再说说储存成本。前面我们说过，为了便于理解，我们暂时不考虑储存费用。不过，在计算期货合约的价格时，必须将储存费用考虑在内，因为储存金属确实需要一些费用。这个公式不会变化太多，而且仍然是直观的。

期货价格 = (现货价格+储存费用) × $(1+r)^T$

关于储存费用,还要补充一点,这个费用通常是在储存周期结束时才支付,因此,公式中的储存费用实际上指的是储存费用的现值。

擅长数学运算的读者这时可能会问,"假如黄金的现货价格改变时,黄金的期货价格会怎样?如果黄金的现货价格每盎司上涨100美元,那期货价格也会每盎司上涨100美元吗?"采用前面的公式,假设无风险利率r为3%,黄金的合约期限T为6个月或者说0.5年,这期间的储存费用为50美元/盎司,我们可以在后面的表格和图形中看到答案。表13-1显示了黄金的现货价格和基于现货价格变化的期货价格的关系。

表13-1 每盎司黄金的现货价格和期货价格

资料来源:理论计算

黄金现货价格	黄金期货价格	差值	比率
2045	2126	81	1.04
1945	2025	80	1.04
1845	1923	78	1.04
1745	1822	77	1.04
1645	1720	75	1.05
1545	1619	74	1.05
1445	1517	72	1.05
1345	1416	71	1.05
1245	1314	69	1.06
1145	1213	68	1.06
1045	1111	66	1.06
945	1010	65	1.07

在写作本书的时候，黄金的现货价格是 1545 美元/盎司。表格中最有意思的地方在于"差值"一栏。这个差值是用期货价格减去现货价格得到的。如表所示，当前黄金的期货价格和现货价格的差值是 74 美元/盎司。有趣的是，当现货价格上涨时，这个差值也有所增长，意味着期货价格上涨的速度要快一些。这个表格非常重要，它让期货市场投资者感到舒适，因为现货价格上涨确实会使你的期货合约价值上升。

我们可以在图 13-1 中看到这种趋势。

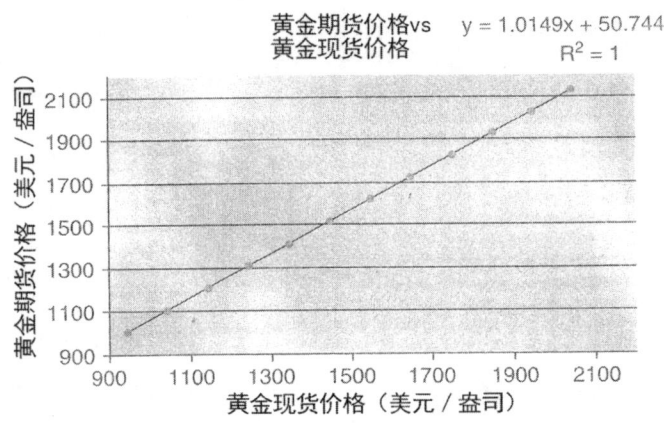

资料来源：理论计算

图 13-1　黄金的现货价格与期货价格

如图 13-1 所示，最佳曲线是那种相关性极高的直线。根据公式和假设数据，黄金现货价格每上涨 1 美元，期货价格就会上涨 1.0149 美元。这会给予投资者安慰，因为他知道当某天黄金现货价格上涨时，他的黄金期货合约会获得同样甚至略高的回报。当然，这也意味着如果某天黄金现货价格下跌时，当日的黄金期货价格也会如此下跌。

让我们再看看期货市场的运行机制是怎样的。在一开始，作为"极端天气"投资者，我想要强调一下，我们不必提取我们购买的期货合约的标的货物。比如，如果我们购买一份在3个月后交割的铜期货合约，我们可以在实际交割日之前了结头寸，就像你在股票赚钱后卖出股票了结头寸一样。我们只想赚取对应的利润。有趣的是，如果我们真的愿意，我们其实也可以去提取这些储存在指定仓库的金属铜。根据期货合约条款来进行实物交割，通常不太方便，有时成本也很高，并且对我们来说也完全没有必要。

期货合约指的是交割月之前的合约。不同的合约，交割月也不同，并且是由交易所选择，以满足市场参与者的需求。交易所还会指定每份合约的最后交易日。市场通常在实际交割日之前几日就停止交易。

如果两个投资者约定在未来某个时间以某个价格交易一种资产，就存在不履行交易的风险。比如，其中一个投资者可能后悔这笔交易并尝试退出。商品交易所的重要角色之一就是组织交易，以避免违约。这就是保证金的由来，我们接下来会讲到。

在你通过你的交易账户买入某种商品的期货合约时，经纪商会要求投资者存一笔资金到保证金账户中。这笔在你入场时必须存入保证金账户的资金就被称为初始保证金。它的数额取决于标的商品的可变性。可变性越大，保证金数额也越大。在每个交易日结束时，保证金账户会调整以反映投资者的盈亏，这个过程被称为结算。投资者有权力取出保证金账户中超过初始保证金的那部分资金。为了确保账户的余额永远不会变成负值，还设定了维持保证金制度，它的数额比初始保证金数额略低。如果保证金账户的余额低于维持保证金，投资者就会收到追加保证金通知。他必须在第二天将保证金账户余额增加到初始保证金水平。如果投资者拒绝追加保证金，经纪商会强行了结投资者的头寸。

全世界有很多期货交易所。美国国内比较热门的交易所如表 13-2 所示。

表 13-2　期货交易所

资料来源：公开资料/数据

美国的各种期货交易所
芝加哥期权交易所（CFE）
芝加哥商品交易所（CME）
芝加哥气候交易所（CCE）
电子流动性交易所（ELX Futures）
美国洲际交易所
堪萨斯城期货交易所（KCBT）
明尼阿波利斯谷物交易所（MGEX）
北美衍生品交易所
纳斯达克 OMX 期货交易所
纽约商业交易所（NYMEX）
纽约商品交易所（COMEX）
NYSE Liffe US
芝加哥单一股票期货交易所

各种期货合约的规模由这些交易所决定，但是最终也取决于大部分交易者的需求。由于这些合约的大部分买家都实力雄厚，所以合约的规模通常也较大。表 13-3 列出了一部分商品的合约规模。

表 13-3　各种商品期货合约的规模

资料来源：公开数据

商品	期货合约规模
玉米	5000 蒲式耳
铝	25000 吨
白银	5000 金衡盎司
棉花	50000 磅
可可	10 吨
咖啡	37500 磅
石油	1000 桶
黄金	100 金衡盎司
镍	6 吨
白糖	112000 磅
铜	25000 磅
小麦	5000 蒲式耳
大豆	5000 蒲式耳
天然气	10000 百万英热单位

交易所交易基金

交易所交易基金（ETF）是一个非常简单又非常有价值的工具。ETF允许各种经验水平的投资者进入多种不同类型的金融市场。比如，代码为USO 的 ETF 就是美国石油基金。这只 ETF 给了投资者投资一种直接反映原油现货价格的资产的机会。具体而言，这只 ETF 直接反映了美国西得克萨斯轻质原油的现货价格。实际上，这只基金就是直接投资西得克萨斯轻质原油的期货合约。这种基金对普通的个人投资者非常有用，因为它为小型投资者提供了进入很多对资金要求较高的市场的机会。

对我们来说，ETF 只是另一种工具，一种用来抓住本书行动计划表中列出的各种投资机会的工具。

结　语

我们已经探讨了很多地理和地质学方面的知识。在阅读完本书的所有内容后，你现在已经拥有了作为一名"极端天气"投资者所需的三大基本工具。

首先，你有了金融市场选择。不管你选择盯住股票市场还是转向债券或期货市场，本书的投资观点都一样适用。

其次，你现在已经有了"极端天气"投资者的 17 项规则列表，就像我们在第 8 章"现实案例：交易机会和择时"中讨论的那样，我们在这里讨论了一些极端天气的真实案例及其对金融市场的影响。

最后也最关键的是，你现在有了在全球任何地方、任何极端天气事件中，几乎任何商品的详细行动计划表。只要你在全球任何地区听到发生全球气候冲击的消息，你也有这些资料的详细索引和表格，有助你快速确定相关的行动计划表。

当前全球的气候状况为"极端天气"投资者提供了大量投资机会。我们已经讲过，全球气候条件越恶化，这些投资机会越有利可图。

不论你是交易新手还是华尔街的专业交易者，你现在都做好了开启你"极端天气"投资生涯的准备！